田の神石像、誕生の ルーツを探る

仏像系、神像系、その他の分類と作製年代を考察する

写真・文 **八木幸夫** Yagi Yukio

南方新社

はじめに

　田の神石像の誕生を考えるときに、二つの大きな疑問に突き当たる。一つは道祖神や地蔵、大仏、大師などの石像は全国的に広く作られているのに、田の神はどうして南九州の旧薩摩藩だけに限られて作られたのか（疑問1）。そして、最初に作製されたのはどのような型の石像で、それらがどのようにして伝播して現在に至っているのか（疑問2）ということである。

　先ず、疑問1に関して。江戸時代中期に幕府は、徳川綱吉から家宣そして家継になり、1722年には新田開発を奨励して米の増産を図った。特に旧薩摩藩では年貢の取り立てが厳しかったといわれている。このような状況の中で、旧薩摩藩だけに田の神石像が存在することは非常に不思議である。

　この点に関して、小野重朗先生は『田の神サー百体』のなかで、当時の享保時代に九州にも石神石仏造立ブームがやってきたことは、熊本や宮崎などで地蔵や大師と呼ばれる石像が村々の辻や路傍に多く立てられたことでも明らかであり、田の神石像が作られ始められたのもこの頃である、と述べられている。また、旧薩摩藩では門割制度や郷士制度によって強力に農村が支配され、修験僧たちによって農民の精神生活は指導されていた。当時の石神石仏造立ブームが、南九州のこの地に至ったとき、甘藷栽培などで最低の生活は保たれていたものの、農民たちの生活精神は、高次の宗教的偶像よりもっと素朴な農耕神を重視したようである。こうして、田の神石像が作られ始めたのではないかと思われる。

　疑問2については、田の神石像の誕生を考えてみると、表1に示すように紫尾山系を中心とした山岳仏教を背景に作製された仏像系の田の神と、霧島山系の新燃岳の大噴火からの復興のシンボルとして作製された神像系の石像が中心である。しかし、他に田の神石像を製作する原動力は本当になかったのか。

　今回、作製年代の明確な石像を分析していると疑問が残る。小野重朗先生は田の神石像は初め仏像系と神像系として出発し、仏像系はやがて僧型そして旅僧型へと変化し、神像系は神職型に変化して後に神舞神職型や田の神舞神職型

へと変遷していったと記されている。この二つの系統の展開の仕方はよく似ており、まず抽象的で一般的な神仏像をそのまま写して田の神像を作り、次にはより身近で日常的に接している僧や神職など宗教人をモデルにして作製する。さらに、これらの静止した像から、新しく発展させて活動している姿の像へと変化させていく。僧の場合は托鉢して回る旅僧型であり、神職の場合は田の神舞を踊る田の神舞神職型などに移っていったと説明されている。

　しかしながら、今回作製年代の判明している石像を分析していると、二つの系統以外にも、享保時代（1716〜1736年）に農民型や自然石（文字彫含む）など多くの種類の古い田の神が存在することに気が付く。一方、比較的新しい作品と考えられていた田の神神職型にも、やはり享保年間のかなり古い時代の石像があり、意外に多くの種類の田の神石像が、享保年間とそれ以前のかなり古い時代に、同時期に作られ始めたのではないかと思わざるを得ない。

　第1章で、まず田の神石像の型について説明を加える。

　第2章では、作製年代が判明した仏像系197体、神像系275体、そして農民型を含むその他289体の総計761体のすべての田の神石像について、石像の存在する場所、特徴、像高、彩色の有無などについて紹介し、代表的なものは写真を添付した。

　第3章では、享保年間とそれ以前に作製された64体の田の神石像の一覧表を作成し、また、1850年までの古い石像について、鹿児島県と宮崎県に分けて各像型別、年代別に製作年が一覧できる図を作成するなどして、誕生のルーツを探るために、石像の年代の推移を整理した。

　どのようにして各種類の田の神が誕生し、現在まで受け継がれてきたのか、そのルーツについて検証してみたい。

　2020年 2月

著者

表1　田の神石像の分類

A. 仏像系 → 紫尾山を中心としての山岳仏教を背景に作製

I. 仏像型・地蔵型

II. 僧型（立像・椅像・座像）
(1)薩摩半島型
(2)大隅半島型
(3)その他

III.旅僧型
(1)北薩摩型
(2)大隅半島型
(3)その他

IV.道祖神的並立型

V.入来地方石碑型

VI.大黒天型

B.神像系 → 新燃岳の大噴火からの復興のシンボルとして作製

I.神像型
(1)神像型立像
(2)神像型椅像
(3)神像型座像
(4)野尻神像型座像

II.神舞神職型

III.神職型
(1)神職型立像:北薩摩型、大隅半島型、その他
(2)神像型椅像
(3)神像型座像

IV.田の神舞神職型

C.その他

I.農民型（都城型、高岡型を含む）
II.女性像
III.夫婦像
IV.山伏・郷士型像型

V.自然石、自然石文字彫
VI.石碑型、祠型（石殿型）
VII.その他（六地蔵塔、四天王型、仁王、
　　　　ムクノキ、厨子、掛け軸など）

D.混合型（融合型、分類不能な物）

目次

語句説明（五十音別）

阿弥陀如来：四十八願をかけて修行した末に悟りを開いて如来になった仏さんで、極楽といえば阿弥陀如来がおられる浄土のこと。他に釈迦如来、薬師如来、そして大日如来がある。

衣冠束帯(いかんそくたい)；平安時代後期からの公家の装束の一つ。本来、直衣の束帯をもって朝廷における正装、すなわち朝服としていたものを、夜用の衣装である衣冠をもって束帯の代用をさせること、あるいはその衣冠そのものを指して「衣冠（の）束帯」と称している。そのように衣冠と束帯とは本来は別の衣装であったが、「衣冠（の）束帯」の意味が誤解され、近世においては「衣冠束帯」を朝服と同一ものとする誤解が生じている。

①束帯；平安時代の一番フォーマルな格好で、今でいえばモーニングの礼装に当たる。朝廷に出仕する際の一番正式な格好。原則的には、冠＋袍＋袴＋石帯（ベルト）で、袴は基本的に白い表袴の下に赤い下袴を重ねて履く。袍の下からはみ出して後ろに長く引きずったものを裾(きょ)といい、高い位のものほど長くなる。

②衣冠；朝廷出仕用の服装であるが、束帯を簡略化したもの。原則は、冠＋袍＋指貫(さしぬき)である。指貫は足首を紐で括った袴のこと。

③直衣(のうし)；高い位の男性の平常服と社交服で、原則は、冠か烏帽子＋袍＋指貫で、衣冠と構成が似ているが、私的な分、色使いや文様が自由に選べ、お洒落が楽しめた。正装のときは冠を着け（冠直衣）、平常は烏帽子を被る（烏帽子直衣）。参内にも着用できたいわばよそゆき。

④狩衣(かりぎぬ)；原則は烏帽子＋狩衣＋指貫になるが、その名の通り狩猟用の麻布の衣服であった。後に貴族の私服となり、素材や文様もさまざまになった。いわばカジュアルな普段着で、袖付けは後ろでわずかに縫い合わせただけなのが大きな特徴である。袖を閉じていないために、肩から脇にかけて下の色が見えるあたりがお洒落。

一向宗；他者が浄土真宗の本願寺教団を呼ぶ呼び方。平安時代末期から鎌倉時代初期にかけて起こった浄土宗の開祖は法然である。南無阿弥陀仏と念仏を唱えれば、死後平等に極楽浄土に往生できるという専修念仏の教えが親鸞によって説かれ、浄土真宗に分かれているが、この「仏の前では皆平等」の庶民の宗教が、権力者には認め難かったとされている。加賀の国での加賀一向一揆や徳川家康時代の三河国一向一揆が知られている。

烏帽子（えぼし）；公家や仕える人たちの日常の被り物で、平安時代には羅でできている袋に漆を塗った丈の高いものであった。鎌倉時代以降は丈が低くなり、江戸時代には紙にしわを付けて漆を塗った箱型のものに変化している。

オットリ（おっ盗られ）田の神；豊作だった地方の田の神を盗んできて、その地域でも豊作になるように祀られ、2〜3年経過すると米や焼酎などをお礼に添えて、盗んだ田の神を戻しに来た。お互いに理解できていて、以前は風習化していたようである。

門割制度（かどわりせいど）；江戸時代に薩摩藩で実施された農民支配制度で、門（かど）と呼ばれる農民の団体を単位として耕地を配分し、一定期間耕作させた後、検地の際の農民人口の増減に応じて門を再編（門割）し、耕地を振り替えていた。農民は土地を所有することができず、門を通して農民は掌握されていた。薩摩藩の村落構造は、この門が基底となっており、要夫（いふ）と呼ばれる15〜60歳の農民男子が、家部（かぶ）という単位で組織され、4〜5家部で1つの門を構成していた（『ブリタニカ百科事典』）。

冠（かんむり）；朝廷に出仕するときの公式なユニフォームに付属する帽子で、奈良時代には律令で冠は「頭巾」（ときん）と呼ばれていた。これは羅や縵（かとり）という薄い布の袋で、4本の足がついており前2本で頭頂部を覆って結び、後ろ2本で冠の上から髻（もとどり：いわゆるちょんまげ）を結んで固定して、後ろに長く垂れ下げている。

脚絆；旅行や労働の時に向こうずねを保護するために使う。江戸時代の脚絆
は、大別して京坂脚絆と江戸脚絆に分かれる。前者は一幅の布の下の方にヒダ
を取って狭くしたもので、主に大津で作られたので大津脚絆ともいう。後者は
ふくらはぎに合わせて曲線をとったもの。これに対して手の甲を保護するもの
を手甲と呼ぶ。

庚申塔；道教の教えで人間の体内には、魂、魄、三尸の三つの霊が宿り、人が
死ぬと魂は天に昇り、魄は地下に入り、三尸という悪い虫は宿主が死ぬと祭り
などで遊びまわる。そのため、三尸は早く宿主が死ぬのを待ち望んでいる。旧
暦で60日に一回巡って来る庚申の日に、三尸は宿主の体内を抜け出して天に
昇って宿主の日頃の行いを報告する役目も持っている。報告が悪いと寿命を短
くされる。そして三尸は、翌朝目が覚める前には戻っているという。庚申にな
る前の日から集団で徹夜すれば、この虫も体内から出られないと信じて、3年
18回徹夜を続けた記念に建立されたのが庚申塔である。

荒神；霊験あらたかな荒ぶる神とされ、今も民間で根強く信仰されている。大
まかに次の二つに大別される。
①屋内の竈や台所などに祀られ、火の神、火伏せの神として信仰される三宝荒
神（内荒神）。三宝荒神は、仏・法・僧の三宝を守る仏教の守護神である。
②屋外に祀られて、屋敷神、氏神、村落神として信仰される地荒神（外荒神）

光背；如来や菩薩は体から偉大な知恵の光を放つといわれ、この光は隅々まで
届きあらゆる生物を救うと考えられており、これを「後光」といい、この偉大
な光を造形的に表したものである。仏像の全身から出る挙身光と頭から発する
頭光がある。

金剛杖；修験者や巡礼者が持つ、八角または四角の白木の杖。長さは身長大。
四国お遍路でいう「同行二人」という言葉は、「常にお大師様と一緒にいる」
という意味があり、この杖こそが「お大師様の化身」といわれている。

郷士：江戸時代の武士階級（士分）の下層に属した人々を指す。武士の身分のまま農業に従事した者や、武士の待遇を受けていた農民（地侍）を指す。平時は農業、戦時は軍事に従った。郷士は苗字帯刀を許され、農村では支配的身分であったが、城下士とは厳しく差別されていた。

薩摩藩：鹿児島藩ともいい、江戸時代に薩摩国（鹿児島県）全域、大隅国（鹿児島県）全域そして日向国（宮崎県）の一部を領有し、鹿児島に城を有した外様大藩で、藩主は島津氏である。

山岳仏教：平安時代に仏教の一派である密教（天台宗、真言宗）において行われるようになっている。政治と結びつきの強かった奈良仏教などに反発することで始まっているが、日本古来の山岳信仰とも融合して急速に発展していくことになる。

シキ：蒸し物をする時に釜とセイロの間に挟むワラで編んだもので、縄の目が立派に見える甑のシキが原点である。大隅地方の旅僧型の田の神などでは、点状に模様がなされた点彫りシキもあり、後に出水地方などでよく見かける笠冠型のシキなども作製されていく。

四天王：仏教の世界観を示す際に記述される四鬼神。須弥山の中腹、東西南北に住むという。東の持国天、南の増長天、西の広目天、北の多聞天（毘沙門天）である。インド神話的な神であるが、仏教に取り入れられてからは仏法の守護神とされる。いずれも甲冑に身を固め、邪鬼を足下に踏む姿で表現されるのが通例。『金光明経』には四天王を信仰すれば国家安泰、五穀豊穣とあり、日本では仏教伝来とともに国家的に信仰された。法隆寺金堂の木像（飛鳥時代）、東大寺戒壇陰の塑像（天平時代）などが著名（『ブリタニカ百科事典』）。

笏：束帯のときに威儀を正すために用いる長さ１尺２寸（約40cm）の板状のもので、礼服着用のときは象牙製を、束帯や袍袴のときは櫟製のものを用いて

いる。

錫杖（しゃくじょう）：地蔵菩薩が六道をめぐる象徴として携帯するもの。

水干（すいかん）：男子の平安装束の一つ。狩衣に似て盤領（丸えり）の一つ身（背縫いがない）仕立て。糊を付けず水を付けて張った簡素な生地を用いるからともいわれる。

頭陀袋（ずだぶくろ）：頭陀とは仏教の僧侶が行う修行のことで、頭陀僧の頭陀行を行う僧侶が携帯用に用いた袋である。

僧；三宝の一つで、本来は仏教の戒律を守る男性出家者の比丘（びく）と女性出家者の比丘尼（びくに）の集団を指す。今日では僧伽に属する人々の意味の僧侶が転じて、個人を僧と呼ぶことが多いが、原義は僧とは戒師により親しく具足戒を授けられ、これを守る出家修行者たちの集団そのものを習合的に指すとされている。

托鉢（たくはつ）：元来は仏教やジャイナ教を含む古代インド宗教の出家者の修行形態の一つで、信者の家々を巡り生活に必要な最低限の食料などを乞うこと。歩きながら（連行）や街の辻に立つ（辻立ち）により、信者に功徳を積ませる修行である。

田の神講：年貢米などの上納を強いられる農民たちの日常生活の中で、少しばかりの残った米や焼酎などを持ち寄って集まり、田の神を崇めつつ同郷の人々と踊りながら、しばしの時を過ごした寄り合い。このとき舞われたのが田の神舞（たのかんめ）と呼ばれ、鹿児島県の田の神舞神職型や宮崎県の農民型田の神舞として石像に刻まれている。

大黒天（だいこくてん）：ヒンズー教のシヴァ神の化身であるマハーカラは、インド密教に取り入れられ、密教の伝来とともに日本に伝わっている。マハーとは大もしくは偉大を指し、カーラハは黒（暗黒）を意味するために大黒天と称される。その名

の通り、青黒い身体に憤怒相をした護法善神である。日本では一般的に新田明神の大黒天像に代表されるように、神道の大国主と神仏習合した日本独自の神を指すことが多い。

男性根：田の神石像は、稲作の豊作のみでなく子孫繁栄の神としても崇められており、特に笏やメシゲは男性の、お椀は女性のシンボルとされている。特に農民型の田の神石像では、後方から見ると男性のシンボルとしての男性根に見えるものが多い。

天神様：天神信仰は、天神（雷神）に対する信仰。特に菅原道真を「天神様」として畏怖・祈願の対象とする神道の信仰である。

道祖神：形は自然石から男女が仲良く手をつないだ姿、肩を組んだ姿、抱き合った姿、笏や扇を持つ一人姿のものなど多彩で、道端に祀られている。ご利益は名の通り道を守る、いわゆる道中安全や村や町に邪気や悪霊が入るのを防ぐ。男女一体の形は、夫婦円満や子孫繁栄、縁結びの神といわれている。中国にその原型があり、自分たちの土地を守る、いわゆる侵入者を防いだり、農耕社会なら害虫から作物を守り豊作を導いたりするものである。また生死の境目の意味もあり、日本神話にも登場する。

如意棒：中国の伝奇小説「西遊記」にでてくる架空の道具で、この棒があると思いのままに事が進むといわれている。

廃仏毀釈：仏教寺院・仏像・経巻を破損し、僧尼などの出家者や寺院などが受けていた特権を廃止し、神仏習合を廃止して神仏分離を推し進めた、明治維新後に発生した一連の動き。

袴の種類：直衣、狩衣、直垂などで履いているものを総称して袴と呼ぶ。その用途で多種多様にわたり、その時代、職業、身分などで変化し、さらに布地は木綿、紬、絹、織物、羅紗などがあり、模様も無地、柄、縞、格子など色目も

各種ある。①切袴、②小袴、③細袴、④又しゃれ袴、⑤軽杉袴（かるさん）、⑥裁着け袴（たっつけはかま）（相撲の行司や歌舞伎の裏方さん）、⑦差貫袴（さしぬき）（指貫とも書く、狩衣、直衣の下にはく袴で裾が袋状になっており、組紐を通して足首のところで括るようになっている）、⑧大黒袴、⑨くくり袴（差貫袴は足首で紐を括るが、足の脹脛（ふくらはぎ）の上を紐で括った差貫より寸法が短く、白庁などがはく袴で主に色目は白で生地は木綿が多い）、⑩平袴、⑪長袴、⑫道中袴（野袴）、⑬義経袴、⑭行燈袴、⑮表袴、⑯馬乗袴、⑰椀袋、⑱大口、⑲大口袴、⑳込大口など多種類におよぶ。

ひるまもち：かつて、住民が総出で植える田植えでは、田主（たあるじ）と呼ばれる指揮者のもとに、飾りたてた牛が代（しろ）を掻き、多数の早乙女が田植え歌を唱和し、田人が腰太鼓、笛、すりささら、鉦（かね）などの楽器ではやしていた。途中「ひるまもち」とか「おなり」と呼ばれる神格化された女性が昼食を運び、田の神とともに供応を受けた。田植え自体を労働というより神事として考え、終了時は稲の豊穣を願って性の解放などもあったという（『世界百科事典』）。

布衣（ほうい）（ほ　い）：日本の男性用着物の一種で、江戸幕府の制定した制服の一つ。幕府の典礼・儀式に旗本下位の者が着用する狩衣の一種であるが、特に無紋（紋様・地紋の無い生地）のものである。

法衣（ほうえ）：僧侶の服装は法衣という。正装用と略装用があり、前者では手がすっぽり隠れるほど袖幅が広く大きいのに比べ、後者は普通の着物なみの寸法である。

宝剣（ほうけん）：不動明王などの明王や天が持つ煩悩を断ち切る知恵の象徴。

宝珠（ほうじゅ）：地蔵菩薩や吉祥天などが持ち、財宝をもたらしたり、災いを除いたりするとされている。

菩薩：仏教における一般的に成仏を求める（如来に成ろうとする）修行者のこ

とで、後に菩薩は修行中ではあるが、教えに導くということで庶民の信仰対象
ともなった。

山伏（やまぶし）：奈良吉野山地の大峯山を代表に、大山（鳥取県）や羽黒山（山形県）な
ど日本各地の霊山と呼ばれる山を踏破し、懺悔などの厳しい苦行を行って、山
岳が持つ自然の霊力を身に着けることを目的とする。山岳信仰の対象となる山
岳のほとんどは、一般の人々の日常生活からはかけ離れた「他界」に属するも
のであり、山伏たちは山岳という他界に住んで山の霊力を体に吸収し、他界と
現界をつなぐ者として自己を引き上げて、それらの霊力を人々に授ける存在と
されていた。
山伏は、頭に頭巾（ときん）と呼ばれる多角形の小さな帽子のようなものを付け、手には
錫杖と呼ばれる金属製の杖をもつ。袈裟と篠懸（すずかけ）という麻の法衣を身にまとう。
また山中での互いの連絡や合図のために、ほら貝を加工した楽器を持つ。山伏
は神仏習合の影響が強く残る神社仏閣に所属する僧侶や神職がなることが多
く、普段は社会人として働く在家の信者が、「講」を組織して修行の時だけ山
伏になることも多い。

輪王座（りんのうざ）：仏像の座り方の基本姿勢には、基本的に立像、座像、臥像（りゅうぞう）の３種類が
ある。臥像は釈迦の涅槃（死）を表現して横に寝そべる姿。座像の中で、片膝
を立てて座り反対側の足を床に水平にする姿勢を、輪王座という。胡座はあぐ
らで、安座はゆったりとあぐらをかいて座ること。他に仏教やヨガなどで用い
られる結跏趺座がある。これもあぐらである。結は、趺（足の甲）を交差させ
ることで、跏は趺を反対の足の太ももの上にのせること。

ワラヅト（藁苞）：納豆を作る時にワラの根っこのところをくくって、それか
ら中に豆を入れて上の方がくくってあり、中が膨らんでいるもので、昔は握り
飯などの食べ物を入れて背中に背負って山に出仕事や農作業に行っていた。ワ
ラビットとも呼ぶ。

第Ⅰ章
田の神石像の型の分類

田の神石像については幾種類かの分類方法があるが、鹿児島県と宮崎県では少し異なっており、統一した分類が望まれていた。そこで著者の『田の神石像・全記録』（2018年、南方新社）で両県の分類をまとめたものを提案している。

　大まかには、霊山紫尾山系での山岳仏教を背景にした仏像系と、新燃岳大噴火からの復興のシンボルとして誕生した神像系のものが中心である。しかし調べていくと、農民型や自然石（文字彫も含めて）、石碑、祠型など数多くの田の神が存在する。今回、これらをすべて網羅すべく表１の分類を示し、それぞれの石像の型について説明する。

A．仏像系

Ⅰ．仏像・地蔵型

仏像型（イラスト1）は、言うまでもなく仏教の信仰対象である仏の姿を表現したものであり、頭部には宝冠を被り、仏像特有の蓮華台座に鎮座し、膝上で印を結んでいる。表情は穏やかで優雅に感じさせるものが多い。

地蔵型は頭には何も被らずに、手に錫杖や宝珠などを持ち、襞の付いた下衣に法衣らしい全身流れるような長袖の上衣を着ている。体形的には撫で肩の感じがあり、端正な表情は菩薩の姿にも見える。本著では、できるだけ仏像型と地蔵型を分けて説明している。

Ⅱ．僧型

長袖の法衣を着流して襞のある袴を着けて、頭には頭巾や藁か竹で作られた円座風の敷を被り、手にはメシゲ、スリコギ、角棒、鍬などを持っている。一見地蔵菩薩にも思えるものもある。今回は、薩摩半島型僧型立像（イラスト2）、大隅半島型僧型立像（イラスト3）、その他の僧型（イラスト4）に分けて紹介している。

Ⅲ．旅僧型

シキ笠を被り、短袖の上衣に裁着け袴を着て旅の歩行に適した装束をしている。胸の前面に宝珠印のある大きな頭陀袋を下げ、メシゲやスリコギ、椀などを持っている。これは修行僧として、村々を行脚する托鉢や勧進の姿と思われる。本著では、北薩摩型旅僧型（イラスト5）、大隅半島型旅僧型（イラスト6）およびその他の旅僧型に分けて説明している。

イラスト1　仏像型・地蔵型

イラスト2　薩摩半島型僧型立像

イラスト3　大隅半島型僧型立像

イラスト4　その他の僧型立像

イラスト5　北薩摩型旅僧型

イラスト6　大隅半島型旅僧型

Ⅳ．道祖神的並立型

　道祖神は境を守り、悪霊の侵入を防御する神として、村境や道路の辻などに祀られている。現在では、縁結びや子孫繁栄、五穀豊穣など多様な性格を持つ神とされている。一石双体浮き彫りと丸彫り、二石双体丸彫りなどの型がある。このうち二石双体の石仏は個人持ち用で、家の床などに安置されるが、ほとんどが男神と女神とされている。イラスト7は一石双体浮き彫りの石像である。

Ⅴ．入来地方石碑型

　大きな自然石をくり貫いた中に、種々の持ち物を持った僧型立像が祀られており、非常にユニークな型の田の神である。入来地方のみに存在している（イラスト8）。その基本的な石像の形は、帽子状にシキを被り、長袖の上衣に脚絆を巻いた裁着け袴姿で、右手にメシゲを立てて持ち、左手には扇子を持つ立像である。道祖神的並立型の像と似た人形像があり、分布地域も一致していることから、それを参考に作製されていると思われる。

Ⅵ．大黒天型

　ベレー帽風の頭巾や帽子を被り、手に打ち出の小槌やメシゲなどを持ち、肩に袋を背負っているものが基本（イラスト9）である。元来、戦闘神とされて憤怒の形相をしていたが、日本に伝わるといつの間にか七福神の一人として、飲食を司る厨房や台所の神として、恵比寿とともに祀られるようになっている。

イラスト7　道祖神的並立型　　　　　イラスト8　入来地方石碑型

イラスト9　大黒天型

B. 神像系

I. 神像型

　神像系の代表的な型で、武将型と分類しているものもある。上級武士や天皇皇族などが儀式や公事などに臨む際の正式な礼服の姿、いわゆる衣冠束帯風の格好と思われる。この神像型では、鹿児島県に基盤のある立像（イラスト10）、宮崎県が主体の椅像（イラスト11）、そして両県にみられる座像（イラスト12）があり、それぞれ歴史的に重要な意味合いがある。基本的には、冠を被り、纓を垂れ、直衣を纏い、手には笏などを持った衣冠束帯風や狩衣などの

イラスト10 神像型立像　　　　　イラスト11 神像型椅像

イラスト12 神像型座像

装束を身に着けて、笏を履いているものもある。また中には権力者である君主
をモデルとして、顎鬚などを生やして眉毛を吊り上げ、憤怒の形相で威厳が漂
うものもある。

Ⅱ. 神舞神職型

　神社などで祭りのときに舞われる神楽のことをカンメ（神舞）という。神職
が神舞をする様の田の神である（イラスト13）。鹿屋市の高隈地方を中心にか
なり古い時代から作製されている。その多くが烏帽子を被り、袖の短い上衣に
長袴姿で、腰をかがめて舞を踊る格好をして神舞用の振り鈴を持っている。

Ⅲ. 神職型

　神職とは、神社などで神に奉仕し祭儀や社務を行う者である。神官ともい
う。鹿児島では一般に神主と呼んでいる。神職型はこの神主の姿を模したもの
である。
　シキを被ったり、布衣や裁着け袴姿で、メシゲやスリコギなどを持ったりし
たものが多いが、表情や持ち物、衣などバラエティーに富んでいる。本著で
は、北薩摩型神職型（イラスト14）、大隅半島型神職型（イラスト15）、その
他の神職型座像（イラスト16）に分けて紹介してある。

イラスト13 神舞神職型　　　　　　　　イラスト14 北薩摩型神職型

イラスト15 大隅半島型神職型   イラスト16 神職型座像

Ⅳ．田の神舞神職型

　年中行事の祭りや田の神講などで、神職または氏子が田の神となり舞っている姿の石像（イラスト17）で、顔の表情も豊かで姿態にも動きと変化がある。神像系の石像では数が最も多く、各地で作製され、現在もこの型の田の神信仰が続いている。頭巾風の帽子やシキを被り、長袖の上衣に裁着け袴を穿き、手にはメシゲ、スリコギ、飯椀などを持っている。また鹿児島県と宮崎県の分類のことで、注目しなければならないことがある。舞っている田の神石像では、鹿児島県が圧倒的に田の神舞神職型の石像が多いのに対し、宮崎県は踊っている神体が農民であるために農民型に分類される。

イラスト17 田の神舞神職型   イラスト18 農民型

C．農民型その他

Ⅰ．農民型

　頭部の被り物や両手の持ち物などは、他の石像と大きな変化はないが、野良着と思われる長袖上衣の襦袢に裁着け袴か股引きの下着を着けている。また半ズボン風のスカートやモンペ姿をした農婦の石像もある。都城市高城町の農民型（イラスト18）と、宮崎市高岡町の農民型は、それぞれ特徴のある姿態である。

Ⅱ．女性像

　結髪、垂れ髪、おかっぱなどの髪型、髷に簪、櫛などを挿した頭に、長袖の上衣にモンペや振袖などで正装している。顔の表情も様々で、頬紅や口紅で化粧をしたもの、メシゲでなく、手鏡を持った、しなやかな女性像もある。

Ⅲ．夫婦像

　いうまでもなく男女カップルの田の神で、中には相手をあとから連れてきたり（イラスト19）、自然石に男女の文字が記銘されたりしたものなどもある。数は少ないが、とても興味深い石像である。

Ⅳ．山伏・郷土型

　山伏型は、頭に頭巾と呼ばれる多角形の小さな帽子のようなものを付け、手には錫杖と呼ばれる金属製の杖をもつ。袈裟と篠懸という麻の法衣を身にまとう。山中での互いの連絡や合図のために、ほら貝を持っている。郷土型（イラ

スト20）は、江戸時代、武士階級（士分）の下層に属し、武士の身分のまま農業に従事した者の姿を表している。郷士は、武士階級であり、苗字帯刀^{みょうじたいとう}が許されていた。

Ⅴ．文字石碑型や自然石型

　文字石碑型には、自然石に直接彫ったもの、文字を彫り入れる部分だけ平面にしたもの、石を四角柱形に加工して正面のみに文字を記銘したものなどがある。文字は「田之神」「御田之神」「田神」などであるが、中には梵字のものもある。どこにでもある自然石の田の神像は、田圃の仕明（開墾）作業中に出てきた石を「神石」としている。また近くの山から持ってきた地山石を供えたところもある。このような神石は、ほとんどが30センチにも満たない小型の石で、祠などを建て大事に安置してある。自然石型の中には、元来置かれていた人形型の田の神が盗まれたため、その代替えとして近くの石を持ってきたものもある。胴体だけが残った場合に頭部の代わりに自然石が載せられたものもある。

　他にも様々な種類の田の神が存在するが、二種類のタイプを融合した混合型や分類不能な石像もみられる。

イラスト19 夫婦像

イラスト20 山伏・郷士型

第Ⅱ章
作製年代判明の
田の神石像のすべて

A. 仏像系

　鹿児島県薩摩郡さつま町の紫尾山を中心に作製された仏像系の田の神石像は、宮崎県えびの市や小林市などの霧島連山の新燃岳を中心に作られた神像系の田の神とは対照的に、霊山の紫尾山を中心とした山岳仏教を背景に作製されている。そこに大きくかかわったのが山伏や郷士であり、石像の作製から田の神信仰の布教まで重要な役割を果たしている。実際に山伏や郷士型の石像も散見されている。

　ここでは作製年代の判明した田の神石像を、（1）仏像型・地蔵型、（2）僧型では、薩摩半島型僧型立像と大隅半島型僧型立像、およびその他の僧型、（3）旅僧型では、北薩摩型旅僧型と大隅半島型旅僧型、およびその他の旅僧型、（4）道祖神的並立型、（5）入来地方石碑型、（6）大黒天型に分類して紹介し、各種の石像の時代的な背景について記載してある。当然のことではあるが、古くなるほど作製年代が判明した石像は少なくなり、その時代的な分析が困難になっている。

【Ⅰ】仏像型・地蔵型

　仏像型と地蔵型は判別が困難な場合もあるが、可能な限り分けて紹介している。仏像型の田の神石像では、薩摩郡さつま町紫尾井出原の田の神が最古である。石像の保存状態があまりよくないのは残念であるが、風雨にさらされる固定型の田の神石像の平均寿命が、石質にもよるが100年くらいといわれており、年代的に仕方のないことかも知れない。一方、地蔵型については、姶良市西餅田楠元の田の神が最も古い。この石像は、春になると山の神が山から下りてきて田の神となり、秋に収穫が終わると再び山に帰って山の神になるという古い田の神観を表した大変貴重なものであるといわれている。

　これらの数少ない仏像型・地蔵型の石像は、宝永から正徳そして享保時代と

かなり古いものであり、それぞれに歴史的な由緒を有した石像が多い。また曽
於市大隅町恒吉野崎の石像のように、極端に新しい平成時代の石像も作製され
ており、やはり昔ながらの仏像に農民が願いをかけるという田の神信仰の風習
は今も継続されている。作製年代の明らかな6体の仏像系と4体の地蔵型を紹介
するが、他にも年代不明な仏像型と地蔵型の石像が、それぞれ10体ずつあるが
今回は割愛する。

(1) 仏像型

1. 薩摩郡さつま町紫尾井出原の田の神 （写真1－A，1－B）

　頭部の3分の2ほどと右大腿部の一部が破損しているが、脚の部分は完全に
残っており、少し前かがみの背中に袴の腰板を明確に確認できる。上衣には
短い袖がついており、背後の中央から袴腰にかけて「御田神宝永二年乙酉十月
日」の刻銘がある。年代が判明している田の神では最古の像で、町の有形民俗
文化財に指定されている。

【宝永2年（1705年）、像高74cm、彩色なし】

2. 薩摩川内市入来町副田中組の田の神 （写真2－A，2－B）

　頭巾を肩まで被り、顔や表情は仏像風である。長衣長袴の僧衣を身に着け
て、腰を紐で結んで背をまげた立像である。両手は欠失し、風化と破損が強く
顔の表情などは不明である。袖は足元まで垂れている。刻名の通り田神大明神
としてだけでなく、その上に地蔵を意味する梵字「カ」が刻んであり、仏像と
して作られたことも明らかである。赤質の緻密な凝灰岩の丸彫りである。県の
有形民俗文化財に指定されている。

【宝永8年（1711年）、像高68cm、彩色なし】

3. 伊佐市大口平出水王城の田の神 （写真3）

　石質は灰黒色、硬質の花崗岩で、頭には宝冠を被り眉目がはっきりしてい
る。長い衣の襞が複雑な仏衣を着た座像で、両手を前方に組んで智拳印を結ん
でおり、刻記にある通りの大日如来像である。田の神はすなわち大日如来なり
という本地垂迹の立場にたって、大日如来そのものを造立して田の神としたこ
とは明らかである。この像は廃仏毀釈の難をさけて、地中に埋めてあったもの
を掘り出したといわれており、像と蓮台もほとんど完全である。台石は蓮台、

角柱台ともう一段ある。県有形民俗文化財に指定されている。

【享保6年（1721年）、像高60cm、彩色なし】

4. 日置市日吉町笠ヶ野の田の神（写真4）

シキを被り、地まで裾がついた長袖の僧衣姿で、両手で大きなメシゲを持って立つ。大きな2個の石の上に、180cmの大きな舟形石に浮き彫りされている。この像のメシゲは、地蔵の錫杖をまねて作ったか、食事の提供を意味する

写真1−A　薩摩郡さつま町紫尾井出原の田の神

写真1−B　薩摩郡さつま町紫尾井出原の田の神

写真2−A　薩摩川内市入来町副田中組の田の神

写真2−B　薩摩川内市入来町副田中組の田の神

写真3　伊佐市大口平出水王城の田の神

写真4　日置市日吉町笠ヶ野の田の神

農耕神を表現しているともいわれている。

【宝暦7年（1757年）、像高67cm、彩色なし】

5. 薩摩郡さつま町泊野宮田上の田の神（写真5）

　頭髪があり光背をかざして、袖広羽織と袴姿で右手にメシゲ、左手には宝珠を持って座る。頭の上に王冠みたいなものがみえて、耳が大きくて目・鼻・口もはっきりした穏やかな表情である。

【明和7年（1770年）、像高60cm、彩色なし】

6. 阿久根市大川尻無証海寺前の田の神（写真6）

　光背を背景に、肩まで届く長い髪があり、広袖の上衣に裳を付けた長袴を着て、右手にメシゲ、左手には椀を持って立ち、両足を覗かせている。釈迦像で石祠の中に祀られている。

【昭和10年（1935年）、像高47cm、彩色なし】

（2）地蔵型

1. 姶良市西餅田楠元の田の神（写真7）

　頭部から右半身は破壊されており、長袖の上衣の袴姿で、お腹で紐を結び座る。破損がひどくて非常に残念である。背面と台座に、「正徳二壬辰天奉造○田の御神士○前原右衛」の刻銘がある。この田の神は、別の山裾にある笏を持

写真5　薩摩郡さつま町泊野宮田上の田の神　　写真6　阿久根市大川尻無証海寺前の田の神　　写真7　姶良市西餅田楠元の田の神

ち衣冠束帯の神像型の山の神石像から10メートル離れた水田近くにあり、二つの石像は、春になると山の神が山から下りてきて田の神となり、秋に収穫が終わると再び山に帰って山の神になるという古い田の神観を表した大変貴重なものとされている。

【正徳2年（1712年）、像高50cm、彩色なし】

2. 出水郡長島町指江川内の田の神（写真8）

蓮華台の上に座り、頭を丸めて長袖の上衣に僧衣で、両手で宝珠を持つ。目・鼻・口がはっきりしており、穏やかな表情である。礎石に「寶歴四年奉造立作神石塔一〇二月」とある。

【宝暦4年（1754年）、像高30cm、彩色なし】

3. 薩摩郡さつま町泊野宮田上（左側）の田の神（写真9）

先の尖った光背様のシキを被り、頭を丸めて長袖の上衣に裁着け袴姿で、右手に椀を左手にはメシゲを持って立っている。首に亀裂が入り残念である。高さ148cmの大きな板石に浮き彫りされている。

【明和5年（1768年）、像高64cm、彩色なし】

4. 曽於市大隅町恒吉野崎の田の神（写真10）

近年の作で、モザイク模様の笠状のシキを被り、右手にメシゲ、左手には飯盛り椀を持って、左膝を立てて座る。目・鼻・口がはっきりしており、下を向

写真8　出水郡長島町指江川内の田の神

写真9　薩摩郡さつま町泊野宮田上（左側）の田の神

写真10　曽於市大隅町恒吉野崎の田の神

いた穏やかな表情である。台座に「田之神大王権現様之御神田也献身守護神トシテモ祭祀ス奉祀蛭川静雄」とある。

【平成16年（2004年）、像高48cm、彩色なし】

【Ⅱ】 僧型（立像・椅像・座像）

　僧型の田の神については、最も古いとされる（1）**薩摩半島型の僧型立像**と、その作風の影響を受けているといわれる（2）**大隅半島型の僧型立像**について述べる。次いで、数が多く各地で現在も作製され、田の神信仰を受け継いでいる（3）**その他の僧型**の三種類に分けて紹介する。

（1）薩摩半島型僧型立像

　作製年代が判明している薩摩半島型の僧型立像は25体あり、年代不詳の15体を合わせると計40体の石像が確認できている。分布は、南さつま市の金峰町と加世田、日置市の吹上町と伊集院町、南九州市の川辺町と知覧町、鹿児島市の谷山、山田町、中山町及び入佐町などの薩摩半島南部に限られている。時代的には、享保年間（1716〜1736年）の作品が14体あり、その中で最も古いものは、享保元年（1716年）の南さつま市金峰町高橋の田の神である。シキを肩まで被り長袖の長衣を着て両手で短い鍬を持ち、右肩から背にワラヅトを背負って、蓮弁台の上に立つ**僧型立像両手鍬持ちツト（ワラヅト）負い型**である。次いで古いのは、享保2年（1717年）の県有形民俗文化財である日置市吹上町中田尻の田の神である。肩まで編目が丁寧に刻まれたシキを被り、広袖の上衣に二段の襞のついた裳様の長袴を身に着けている。そして右手に小さいメシゲを持ち、左手には原始的な鍬を持って、蓮弁台や雲竜紋の台に立つ**僧型立像鍬メシゲ持ち型**である。

　享保5年（1720年）の南さつま市金峰町池辺池辺中の田の神と、同一年の作である金峰町白川白川東の田の神は、共に鍬とメシゲを持ってワラヅトを背負い、袖長の長衣を着流している。多くの田の神石像が、鍬や錫杖そしてメシゲやスリコギなどを持ち、背にワラヅトを背負っている。

　少し変わったものを手に持つ石像がある。享保8年（1723年）の日置市吹上

町花熟里の石像は稲束を持ち、また享保16年（1731年）の南さつま市金峰町大
野京田の田の神は、両手で麻の葉を持っている。漁網で使用する麻の神でも
あったと考えられている。

　薩摩半島型の僧型立像は、享保年間などかなり古い時代のものが中心である
が、明治期に作製されたものもある。像型をよくみてみると、身に着けている
衣装や背に負うワラツトなどで、大きく二種類のタイプに分けることができ
る。一つは前で帯紐を結んで長袖の長衣を着流し、背にワラツトを負う**長衣ツ
ト負い型**の**僧型立像長衣ツト負い型**で、もう一つは長袖の上衣に、裳様の長袴
を身に着けた**裳様長袴型**の**僧型立像裳様長袴型**である。数はちょうど半分ずつ
で、同時期に、どうしてこのような二種類の石像ができたのか興味深い。また
このタイプの石像は、多くが後方からは男性根にみえることも特徴である。

1.　南さつま市金峰町高橋の田の神（写真1－A，1－B）

　僧型立像両手鍬持ちツト負いで、風化が強く顔の表情など不明で、シキを肩
まで被り長袖の長衣を着て、前を帯紐で結んでいる。両手で短い鍬を持ち、右
肩より背にワラツトを背負って、蓮弁台の上に立つ。後方からは男性根にみえ
る。

【享保元年（1716年）、像高73cm、彩色なし】

2.　日置市吹上町中田尻の田の神（写真2－A，2－B）

　僧型立像鍬メシゲ持ちで、肩まで編目が丁寧に刻まれたシキを被り、広袖の
上衣に二段に襞のついた裳状の長袴で、右手に小メシゲ、左手に原始的な鍬を
持ち、水波雲竜紋の台に立つ。県有形民俗文化財に指定されている。後方から
は男性根にみえる。

【享保2年（1717年）、像高95cm、彩色なし】

3.　南さつま市金峰町池辺池辺中の田の神（写真3－A，3－B）

　僧型立像鍬メシゲ持ちツト負いで、甑のシキをキャップ状に被り、広袖の長
衣を着て前紐を長く垂らしている。右手に短い台鍬、左手にメシゲを立てて持
つ。背に右肩からワラツトを背負い、蓮弁と反花などの台石の上に立つ。後方
からは男性根にみえる。

【享保5年（1720年）、像高63cm、彩色なし】

写真1－A　南さつま市金峰
町高橋の田の神

写真1－B　南さつま市金峰
町高橋の田の神

写真2－A　日置市吹上町中
田尻の田の神

写真2－B　日置市吹上町中
田尻の田の神

写真3－A　南さつま市金峰
町池辺池辺中の田の神

写真3－B　南さつま市金峰
町池辺池辺中の田の神

4. 南さつま市金峰町白川白川東の田の神（写真4－A，4－B）

　僧型立像鍬メシゲ持ちツト負いで、風化が強く顔面の表情など不明である
が、瓲のシキをキャップ状に被り、広袖の長衣を着て帯紐をなびかせている。
右手に台鍬、左手にメシゲを持ち、背に左肩よりワラヅトを斜めに背負い、二
段の蓮弁台に立つ。後方からは男性根にみえる。

【享保5年（1720年）、像高87cm、彩色なし】

5. 鹿児島市谷山中央5丁目の田の神（写真5－A，5－B）

　僧型立像金剛杖持ちで、顔は大きな穴と損傷が激しく、表情など不明である。厚い大きなシキを頭巾風に被っている。広袖の上衣に二段の襞のある裳みたいな長袴を着て、右手は不明、左手に棒状の金剛杖を持ち、雲竜紋の台に立つ。後方からは男性根にみえる。

【享保6年（1721年）、像高65cm、彩色なし】

写真4－A　南さつま市金峰町白川白川東の田の神　写真4－B　南さつま市金峰町白川白川東の田の神　写真5－A　鹿児島市谷山中央5丁目の田の神

写真5－B　鹿児島市谷山中央5丁目の田の神　写真6－A　鹿児島市山田町の田の神　写真6－B　鹿児島市山田町の田の神

6. 鹿児島市山田町の田の神（写真6-A，6-B）

　僧型立像金剛杖メシゲ持ちで、顔は破損し表情不明であるが、頭巾風に分厚い甑のシキを被り、広袖の上衣に裳のような二段の襞のついた袴腰のない長袴を着けている。右手は小さいメシゲ、左手は長く細い棒（原始的な鍬と思われる）を持ち、雲竜紋の台石の上に立つ。後方からは男性根にみえる。県有形民俗文化財に指定されている。

【享保8年（1723年）、像高67cm、彩色なし】

7. 日置市吹上町花熟里の田の神（写真7）

　僧型立像稲束宝珠持ちで、僧用の頭巾を肩の上まで垂れて被り、広袖の上衣に襞の多い裳を着て、右手に尖りのある丸い宝珠、左手には一束の稲を持って、蓮弁台と角石台に立つ。台石には享保8年（1723年）とある。

【享保8年（1723年）、像高72cm、彩色なし】

8. 南九州市川辺町永田の田の神（写真8-A，8-B）

　僧型立像鍬メシゲ持ちツト負いで、顔や胸など削られている。うつむいてシキを被り、広袖の長衣で、右手に鍬で左手にはメシゲ持ち、左肩より背にワラヅトを背負って蓮弁台と角石台に立つ。後方からは男性根にみえる。市有形民俗文化財に指定されている。

【享保9年（1724年）、像高110cm、彩色なし】

写真7　日置市吹上町花熟里の田の神　　写真8-A　南九州市川辺町永田の田の神　　写真8-B　南九州市川辺町永田の田の神

写真9 鹿児島市谷山7丁目 写真10−A 鹿児島市入佐町 写真10−B 鹿児島市入佐町
15入来の田の神　　　　　　巣山谷の田の神　　　　　　巣山谷の田の神

9. 鹿児島市谷山7丁目15入来の田の神（写真9）

　僧型立像メシゲスリコギ持ちで、大きなシキを肩まで被り、広袖の上衣に襞の多い裳状長袴で、右手にメシゲ、左手にスリコギ持ち、雲竜紋の台に立つ。市有形民俗文化財に指定されている。後方からは男性根にみえる。

【享保11年（1726年）、像高62cm、彩色なし】

10. 鹿児島市入佐町巣山谷の田の神（写真10−A，10−B）

　僧型立像メシゲ持ちで、ワラ目のある笠を被り、肩布のついた中袖の上衣に前側だけに襞のある長袴を着けている。右手にメシゲを立てて持ち、左手は上部が風化し下部が棒状のものを持って角石台に立つ。後方からは男性根にみえる。県有形民俗文化財に指定されている。

【享保12年（1727年）、像高96cm、彩色なし】

11. 南さつま市金峰町大野京田の田の神No.1（写真11）

　僧型立像両手麻持ちで、シキとは判別不能な頭巾を被り、広袖の上衣に襞のある裳状の長袴を着て、両手で麻の葉を持つ。横に後に作製され、やはり麻の葉を持つ模倣した石像（No.2）が立っている。

【享保16年（1731年）、像高80cm、彩色なし】

12. 南さつま市金峰町宮崎の田の神（写真12−A，12−B）

　僧型立像鍬メシゲ持ちツト負いで、頭巾風にワラの編目のあるシキを被り、

写真11　南さつま市金峰町
大野京田の田の神No.1

写真12－A　南さつま市金峰
町宮崎の田の神

写真12－B　南さつま市金峰
町宮崎の田の神

広袖の上衣に二段の襞のある裳状の長袴を着け、右手に小メシゲ、左手に鍵状
の鍬を持ち、角台石の上に立つ。後方からは男性根にみえる。県有形民俗文化
財に指定されている。

【享保17年（1732年）、像高72cm、ベンガラ色の痕跡】

13.　鹿児島市中山町滝の下の田の神（写真13）

　僧型立像メシゲ原始的木鍬持ちで、ワラの編目が克明に刻まれたシキを被
り、顔は風化と損傷で表情は不明。広袖の上衣に二段の襞のついた裳状の長袴
を着けている。右手に小さいメシゲ、左手には先がカギ状に曲がった原始的な
木鍬を持ち、雲竜紋の台石の上に立つ（現在中山町2丁目28－9）。後方からは
男性根にみえる。市の有形民俗文化財に指定されている。

【享保年間（1716〜1736年）、像高95cm、彩色なし】

14.　南九州市川辺町中山田下之口の田の神

　頭部なく長袖の上衣に長袴姿で、右手メシゲ持つも風化が強く他は不明。背
にはワラヅトを背負う。

【享保年間（1716〜1736年）、像高65cm、彩色なし】

15.　南さつま市金峰町新山の田の神

　僧型立像鍬持ちツト負いで、頭上に切石を載せて、中袖の長衣に右手は不明
だが左手に鍬を持って立つ。右肩から背にワラヅトを背負う。顔はセメント加

写真13　鹿児島市中山町滝
の下の田の神

写真14－A　南さつま市金峰
町浦之名の田の神

写真14－B　南さつま市金峰
町浦之名の田の神

工、切石はセメント付けされ角石台に立つ。

【元文元年（1736年）、像高110cm、顔彩色あり】

16. 南さつま市加世田唐仁原の田の神

　僧型立像錫杖メシゲ持ちツト負いで、頭部はなく広袖の長衣で前を帯紐で結び垂らしている。右手に錫杖、左手にメシゲを持ち、背にワラツトを背負うが、足は上下に分かれ亀に乗る格好にもみえる。

【安永7年（1778年）、像高77cm、彩色なし】

17. 南さつま市金峰町浦之名の田の神（写真14－A，14－B）

　僧型立像鍬メシゲ持ちツト負いで、面長な顔に甑のシキをキャップ状に被り、広袖の長衣を着て前で紐を結び垂らしている。右手に鍬、左手はメシゲを持ち、左肩から背にワラツトを背負って角石台に立つ。後方からは男性根にみえる。

【寛政12年（1800年）、像高70cm、彩色なし】

18. 南さつま市金峰町大坂（だいざか）扇山の田の神（写真15）

　僧型立像鍬メシゲ持ちで、風化が強く顔の表情など不明で、前方欠けたシキをキャップ状に被り、広袖の長衣を着て前で帯紐を結び垂らしている。右手に鍬、左手にはメシゲを立てて持ち、右肩から背にワラツトを背負い角石台の上に立つ。後方からは男性根にみえる。

【文化7年（1810年）、像高55cm、彩色なし】

19. 南さつま市金峰町白川白川中の田の神（写真16）

　僧型立像鍬メシゲ持ちツト負いで、面長の顔に瓶のシキをキャップ状に被り、広袖の長衣を着て前で紐を結び垂らしている。右手に鍬、左手にはメシゲを持ち、左肩からワラツトを背負い、角石台に立つ。後方からは男性根にみえる。

【文化10年（1813年）、像高63cm、彩色なし】

20. 南さつま市金峰町尾下麓の田の神

　僧型立像鍬メシゲ持ちツト負いで、顔など風化が強く表情は不明。キャップ状にシキを被り、中袖の長衣を着て前で紐を結んだ形跡あり。右手にはメシゲ、左手には鍬を持ち、左肩から背にワラツトを背負い角石台に立つ。後方からは男性根にみえる。

【文化11年（1814年）、像高115cm、彩色なし】

21. 南さつま市加世田地頭所の田の神（写真17）

　僧型立像鍬メシゲ持ちツト負いで、耳は大きいが風化が強く顔などの表情は不明、瓶のシキをキャップ状に肩まで被る。中袖の長衣を着て前で紐を結び、右手にメシゲ、左手には大きい鍬を持ち、左肩から背にワラツトを背負い角石台に立つ。後方からは男性根にみえる。

写真15　南さつま市金峰町　　写真16　南さつま市金峰町　　写真17　南さつま市加世田
大坂扇山の田の神　　　　　　白川白川中の田の神　　　　　地頭所の田の神

【文化年間（1804〜1818年）、像高98cm、彩色なし】

22. 南さつま市金峰町池辺塩屋堀の田の神（写真18−A，18−B）

　僧型立像両手メシゲ持ちツト負いで、甑のシキをキャップ状に被り、広袖の長衣を着て帯を前に垂らす。両手でメシゲを持ち右肩より背にワラヅトを背負い、四段の台石に立つ。

【嘉永4年（1851年）、像高66cm、彩色なし】

23. 南さつま市金峰町池辺稲葉の田の神（写真19）

　僧型立像両手メシゲ持ちツト負いで、キャップ状に甑のシキを被り、広袖の長衣を着て前で紐を結ぶ。両手で大きなメシゲを立てて持ち、左肩から背にワラヅトを背負い、立派な蓮華台などの台石の上に立つ。

【安政2年（1855年）、像高60cm、彩色なし】

24. 日置市吹上町湯之浦の田の神（写真20）

　僧型立像メシゲ持ちで、編目のシキを被り、目・鼻・口がすっきりした表情である。長袖の上衣と裁着け袴で、右手は膝に左手はメシゲを持って三段の台石の上に立つ。

【明治17年（1884年）、像高64cm、一部彩色】

25. 日置市吹上町和田上和田の田の神（写真21）

　僧型立像鍬メシゲ持ちツト負いで、ワラの編目のシキを被り、目・鼻・口が

写真18−A　南さつま市金峰町池辺塩屋堀の田の神　　写真18−B　南さつま市金峰町池辺塩屋堀の田の神　　写真19　南さつま市金峰町池辺稲葉の田の神

明快で丸い顔をしている。長袖の上衣に裁着け袴で、右手に鍬、左手にはメシゲを持ち、首の後ろにワラツトを背負い、角石台に立つ。後方からは男性根にみえる。
【明治23年（1890年）、像高74cm、彩色なし】

写真20　日置市吹上町湯之浦の田の神　写真21　日置市吹上町和田上和田の田の神

（2）大隅半島型僧型立像

　作製年代の判明した大隅半島型の僧型立像は10体あり、年代不詳の1体を合わせると計11体存在する。その分布は、肝属郡の肝付町や東串良町、鹿屋市の吾平町や上野町などの大隅半島南部になる。この中には3体の鹿児島県有形民俗文化財が含まれる。薩摩半島型に比べ、享保年間の作品は1体もなく、最も古い石像は、寛保3年（1743年）の肝属郡肝付町野崎の田の神である。県有形民俗文化財にも指定されており、総髪でらせん状編目のシキを肩から背に垂らして被り、長袖の長衣を着流し帯紐で前を結び、鍬の柄を立てメシゲを挿したワラツトを背負っている。

　次に延享3年（1746年）の肝付町野崎塚崎の田の神で、総髪で目は細くシキを背に長く垂らし、長袖の長衣を着流し右手にメシゲ、左手に宝珠を持ち、瓢箪と木の葉状のものを前に下げて、2個の米俵の上に立っている。また明和8年（1771年）の肝付町野崎の田の神は、寛保3年（1743年）の石像と同じ場所に並んで祀られており、やはり県指定の有形民俗文化財である。総髪で背後に克明にワラの編目を刻んだシキを長く垂らして被り、長袖の長衣を着流して帯紐を前で結び、両手を合わせて台鍬を突き、左肩から背にワラツトを背負っている。両者共に総髪で、細目をした穏やかな顔をし、村を托鉢して回る僧の姿を写し取ったものと考えられている。また最も年代が新しい明治36年（1903

年）の肝属郡東串良町川西の石像は、脚絆を巻いた裁着け袴姿で、両手の持ち
物も宝珠でなくスリコギであり、帯紐に下げた瓢箪と木の葉状の物の位置が逆
になるなど、かなり風変わりな格好をしており、旅僧型の田の神にも思える。

大隅半島型の僧型立像は数が少ないが、明治時代作製の明治30年（1897年）
の肝属郡肝付町野崎津曲の田の神と、明治36年（1903年）の肝属郡東串良町川
西の田の神の2体を除けば、このタイプも大まかに二種類に分類できる。一つ
は総髪でシキを長く垂らして被り、鍬の柄を立てて持ち、ワラヅトを背に負う
型の**僧型立像鍬持ちツト負い型**であり、もう一つは総髪で細い目をして、シキ
を背に長く垂らしてメシゲと宝珠を持ち、前の帯紐に瓢箪と木の葉状のものを
下げる型の**僧型立像瓢箪持ち型**である。これらは薩摩半島型の僧型立像に比べ
て20～30年くらい年代が遅く、石像の作風に何らかの影響を受けているといわ
れている。

1. 肝属郡肝付町野崎の田の神（右側）　（写真1－A，1－B）

僧型立像鍬持ちツト背負いで、総髪、らせん状の編目のシキを肩から背に垂
らして被り、長袖の長衣を着流して紐状の帯で前を結い、鍬の柄を立て、背の
シキにツトを背負いメシゲを挿している。県有形民俗文化財に指定されてい
る。

写真1－A　肝属郡肝付町野　　写真1－B　肝属郡肝付町野　　写真2　肝属郡肝付町野崎塚
崎の田の神（右側）　　　　　崎の田の神（右側）　　　　　崎の田の神

【寛保3年（1743年）、像高87cm、彩色なし】

2. 肝属郡肝付町野崎塚崎の田の神（写真2）

　僧型立像瓢箪持ちで、総髪で目は細く、シキを背に長く垂らし、長袖の長衣を着流している。右手にメシゲ、左手には宝珠を持

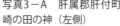
写真3−A　肝属郡肝付町野崎の田の神（左側）　写真3−B　肝属郡肝付町野崎の田の神（左側）

ち、瓢箪と木の葉状のものを前に下げ、2個の米俵の上に立つ。市有形民俗文化財に指定されている。

【延享3年（1746年）、像高93cm、彩色なし】

3. 肝属郡肝付町野崎の田の神（左側）（写真3−A，3−B）

　僧型立像鍬持ちツト背負いで、総髪、背後に克明にワラの編目を刻んだシキを長く垂らして被り、長袖の長衣を着流している。帯紐を前で結び、両手を合わせて台鍬を突き、左肩から背にワラヅトを背負っている。県有形民俗文化財に指定されている。

【明和8年（1771年）、像高79cm、彩色なし】

4. 肝属郡東串良町安留の田の神（写真4−A，4−B）

　僧型立像鍬持ちツト背負いで、総髪、ワラの編目が克明に刻まれたシキを頭巾風に被り（垂らしていない）、長袖の長衣を着流している。結紐を前に垂らし、両手を合わせてオデクワを杖代わりに持ち、ワラヅトを背負っている。後方からは男性根にみえる。

【明和8年（1771年）、像高82cm、彩色なし】

5. 鹿屋市吾平町上名中福良の田の神（写真5−A，5−B）

　僧型立像鍬持ちツト背負いで、総髪、大きなシキを頭巾風に背後に垂らして被り、大きな袖の長衣を結紐を前に垂らし着流している。両手にヘラクワを杖

代わりに持ち、背には種籾を入れたワラヅトを負い、種籾をまきにいく姿を表現している。後方からは男性根にみえる。市の有形民俗文化財に指定されている。

【明和8年（1771年）頃、像高96cm、一部彩色残る】

6. 鹿屋市上野町岡泉の田の神（写真6－A，6－B）

　僧型立像鍬持ちツト背負いで、総髪、シキを頭巾風に背に垂らして被り、広

写真4－A　肝属郡東串良町
安留の田の神

写真4－B　肝属郡東串良町
安留の田の神

写真5－A　鹿屋市吾平町上
名中福良の田の神

写真5－B　鹿屋市吾平町上
名中福良の田の神

写真6－A　鹿屋市上野町岡
泉の田の神

写真6－B　鹿屋市上野町岡
泉の田の神

袖の長衣を着流している。前で帯紐を結び、両手はヘラクワを杖代わりに持って、背にメシゲを挿したワラヅトを背負い、種籾をまきにいく姿を表現している。後方からは男性根にみえる。

【享和3年（1803年）、像高90cm、一部彩色残る】

写真7－A　肝属郡東串良町 新川西の田の神　　写真7－B　肝属郡東串良町 新川西の田の神

7.　肝属郡東串良町新川西の田の神（写真7－A，7－B）

　僧型立像瓢箪持ちで、総髪、点彫りのシキを長く背に垂らして被り、長袖の長衣を着流している。右手にメシゲ、左手には宝珠を持って、瓢箪と木の葉状の物を前に下げ、二俵の米俵の上に立ち山伏僧の托鉢する姿を表現している。県有形民俗文化財に指定されている。

【文化4年（1807年）、像高97cm、一部彩色残る】

8.　肝属郡肝付町新富西横間の田の神（写真8－A，8－B）

　僧型立像鍬持ちツト背負いで、頭巾風に瓶のシキを被り、目立ち美しく女人風、長袖の長衣を着流している。両手を重ねて台鍬を支えて、背にワラヅトを背負っている

【天保7年（1836年）、像高79cm、一部彩色残る】

9.　肝属郡肝付町野崎津曲の田の神（写真9－A，9－B）

　僧型立像瓢箪持ちで、総髪、シキを背に長く垂らし長袖の長衣を着流している。右手にメシゲ、左手にはスリコギを持って、瓢箪と木の葉状の物を前に垂らし、二俵の俵の上に立つ。後方からは男性根にみえる。

【明治30年（1897年）、像高94cm、一部彩色残る】

10.　肝属郡東串良町川西の田の神（写真10）

　僧型立像瓢箪持ちで、総髪、点彫りのシキを背に長く垂らして被っている。

写真8-A　肝属郡肝付町新
富西横間の田の神

写真8-B　肝属郡肝付町新
富西横間の田の神

写真9-A　肝属郡肝付町野
崎津曲の田の神

写真9-B　肝属郡肝付町野
崎津曲の田の神

写真10　肝属郡東串良町川
西の田の神

　長袖の上衣に脚絆を巻いた裁着け袴で、右手にスリコギで左手にはメシゲを
持って、前に瓢箪と木の葉状の物を下げる。
【明治36年（1903年）、像高75cm、彩色あり】

　（1）薩摩半島型と（2）大隅半島型の相違点について、簡単にまとめたのが
表2である。

表2　薩摩半島型と大隅半島型の僧型立像の相違

	薩摩半島型	大隅半島型
作製年代	享保元年（1716年）〜 明治23年（1890年）	寛保3年（1743年）〜 明治36年（1903年）
被り物	甑のシキ（キャップ状に被る ものあり）、僧用頭巾	すべて甑のシキを背まで長く垂らす
顔の表情	面長顔や大きな耳などいろいろ	全てが総髪の細目で穏やか
衣類	広袖の上衣に裳様の長袴のもの 広袖の長衣で前を帯紐で結ぶ	広袖の長衣で前を帯紐で結ぶ
持ち物	短い台鍬、メシゲ、スリコギ、 麻、金剛杖	鍬、メシゲ、スリコギ、宝珠、 瓢箪、木の葉状のもの
ワラヅト	広袖の長衣で前を帯紐で結ぶ型 は、すべてワラヅトを背負う	鍬の柄を両手で支えて持つ型 は、すべてワラヅトを背負う

（3）その他の僧型立像・椅像・座像の田の神

　（1）薩摩半島型僧型立像や（2）大隅半島型僧型立像以外にも、各地で数多くの立像・椅像・座像の僧型の石像がみられる。作製年代の判明した田の神は66体で、他に年代不詳のものが188体ある。その中で、最も古いものでは宝永7年（1710年）の日置市日吉町山田の田の神で、田の神の中で最も古いとされる宝永2年（1705年）のさつま町紫尾井出原の石像と僅か5年しか差がない。正徳から享保年間の作も9体ある。数が多く、現代の平成期にも製作されているように作製年代の幅も広い。この僧型を中心に、ひとつの田の神信仰が長年受け継がれている。

1．日置市日吉町山田の田の神（写真1−A，1−B）

　大きなシキを亀の甲羅みたいに背中まで被る。風化が強く顔の表情や持ち物などは不明である。長袖の上衣に長袴の立位であり、右手にメシゲを立てて持ち、左手は椀を持って足を覗かせている（こんなに大きなシキでは、旅僧型の

ポイントとなる托鉢は無理で、僧型立像に分類）。年代が判明した田の神石像
では、2番目に古い貴重なもの。

【宝永7年（1710年）、像高75cm、彩色なし】

2. 南さつま市金峰町大野下馬場の田の神（写真2）

　風化が強く被り物や顔の表情などは不明である。長袖の上衣に長袴姿で、角
石と丸石の上に立っている。破損がひどく持ち物も分からないが、逆に年月の
古さを知らされる。道路脇のセメントでできた敷地に、他の記念碑や石造物と
祀られている。

【正徳5年（1715年）、像高58cm、彩色なし】

3. 小林市堤字川無の田の神（写真3）

　総髪に頭巾風なものを背中まで被り、胸開きの長袖の僧衣を纏い座ってい
る。目を閉じて静かな表情である。両手は組んで膝の上に置いている。地衣の
付着が強く、九基の水神碑と並んでいる。

【享保2年（1717年）、像高50cm、彩色なし】

4. 日置市吹上町与倉下与倉の田の神（写真4－A，4－B）

　甑のシキを肩まで被り、風化が強く顔の表情などは不明である。袂の短い上
衣と裁着け袴姿の立位、背面は腰板のある長袴で、前面と後面で袴の種類が異
なる。右手はメシゲを立てて持ち、左手の持ち物は不明である。支え石に刻銘

写真1－A　日置市日吉町山　写真1－B　日置市日吉町山　写真2　南さつま市金峰町大
田の田の神　　　　　　　　田の田の神　　　　　　　　野下馬場の田の神

写真3　小林市堤字川無の田　　写真4－Ａ　日置市吹上町与　　写真4－Ｂ　日置市吹上町与
の神　　　　　　　　　　　　倉下与倉の田の神　　　　　　倉下与倉の田の神

してある。後方からは男性根にみえる。

【享保3年（1718年）、像高85cm、彩色なし】

5.　小林市東方仲間の田の神（写真5）

　総髪で蓮葉冠（はすかんむり）を被り、広袖の襞の多い布衣と思われる僧衣姿。右手は貨幣、左手にはメシゲ様の杓子を持って立っている。元来は両手には何も持っていなかったとのこと。冠の部分は取り外しができるという。台座には唐獅子が二頭描かれている。

【享保7年（1722年）、像高123cm、衣・帽子ベンガラ色】

6.　小林市堤字楠牟礼の田の神（写真6）

　頭巾様のものを被り、広袖で胸開きの僧衣の姿をして、両手を膝の上に置き、どっしりと正座している。風化が強く顔の表情や持ち物などは不明である。以前は木製の祠の中に収められていたが、現在は道路沿いの高台に祀られている。

【享保9年（1724年）、像高70cm、彩色なし】

7.　えびの市原田町蛭子神社境内の田の神（写真7）

　頭部と両手は、明治2年に廃仏毀釈で破損し、現在は笠状のシキを被っているが改作である。広袖の僧衣を纏い、両手は破損し持ち物などは不明である。この田の神は、近くの紫尾山の密教僧または山伏によって考案されたとか。20

写真5　小林市東方仲間の田
の神

写真6　小林市堤字楠牟礼の
田の神

写真7　えびの市原田町蛭子
神社境内の田の神

年の歳月を経て川内川を逆上り、この飯野麓に出現したとのこと。

【享保10年（1725年）、像高64cm、彩色なし】

8.　いちき串木野市上名麓入来家の田の神（写真8−A，8−B）

　総髪で、面長な顔に点刻状の模様の入ったシキを肩まで被り、襷がけの長袖の上衣に長袴姿で立っている。背中で襷の紐を結んでおり、右手に錫杖を持って左手は衣を掴んでいる。風化が強く顔の表情などは不明である。個人宅地にあり、隈之城から入来家の人が貰ったとか。

【享保11年（1726年）、像高63cm、彩色なし】

9.　薩摩川内市青山町高貫公民館の田の神（写真9）

　風化が強く頭の被り物や顔の表情などは不明である。広袖の僧衣と長袴姿で、両手を衣にやり、両足を覗かせてどっしりと立っている。以前は持ち回りで、現在はこの公民館敷地に移設されている（平成15年8月）。袴の足もとに、一部ベンガラ色の痕跡がある。

【享保16年（1731年）、像高76cm、一部にベンガラ色の痕跡】

10.　伊佐市菱刈町下手の田の神（写真10）

　頭巾を被り、長袖の上衣の僧衣に長袴姿で座っている。右手に扇子を持ち左手には餅を持って、穏やかな表情である。個人宅地高台にある。以前飛騨城山腹にあったが、昭和47年（1972年）の豪雨で被災し、現在地に移設されてい

写真8−A　いちき串木野市
上名麓入来家の田の神

写真8−B　いちき串木野市
上名麓入来家の田の神

写真9　薩摩川内市青山町高
貫公民館の田の神

る。

【享保16年（1731年）、像高62cm、顔・持ち物以外ベンガラ色】

11. 霧島市横川町上ノ上深川<ruby>上ノ上深川<rp>(</rp><rt>かみふかがわ</rt><rp>)</rp></ruby>の田の神

　小さなシキを被り丸坊主で、目・鼻・口がはっきりした穏やかな表情である。長袖の上衣（法衣）に袴姿で胡座し腰を下ろしている。両手首は欠損し左手は膝の上であるが、持ち物は不明である。

【享保18年（1733年）、像高40cm、彩色なし】

12. 薩摩川内市高城町妹背の田の神

　頭部はなく僧衣で左手でメシゲを持つ。風化が強く他は不明である。

【元文3年（1738年）、像高44cm、彩色なし】

13. 霧島市溝辺町玉利の田の神（写真11）

　総髪で分厚く大きな笠状のシキを被り、目・鼻・口がはっきりした穏やかな表情である。胸をはだけた長袖の上衣に長袴姿で、右手メシゲ、左手は椀を膝上に持ち、腰掛けた形の椅像である。後方からは男性根にみえる。衣などにベンガラ色の痕跡がある。

【元文4年（1739年）、像高80cm、彩色あり】

14. 霧島市横川町下ノ赤水の田の神

　笠状のシキを被り、目・鼻・口がはっきりして微笑んでいる。胸のはだけた

長袖の衣を着て腹が出ており、両手を組んで膝の上に置き胡座をかく座像である。市有形民俗文化財に指定されている。

【寛保3年（1743年）、像高61cm、全体的にベンガラ色】

15. 日置市吹上町小野の田の神（右側）

　前面の欠けたシキを肩まで被り、袂の短い上衣に裁着け袴姿をして、右手はメシゲを立てて持ち左手は椀を持って立つ。風化が強く顔の表情などは不明であるが、後方からは男性根にみえる。

【寛延3年（1750年）、像高63cm、彩色なし】

16. 薩摩川内市天辰町坊之下の田の神（公民館）

　頭部は欠損し、僧衣で、両手を胸で組む立像である。

【明和元年（1764年）、像高65cm、彩色なし】

17. 薩摩川内市川永野町川永野の田の神

　シキを被り長袖の上衣に裁着け袴姿で、右手にスリコギ、左手に椀を持つ立像である。

【明和6年（1769年）、像高54cm、顔は米粉で目・鼻はインク】

18. 志布志市有明町蓬原中野の田の神（写真12）

　総髪で笠状のシキを被り、風化が強く顔の表情などは不明である。広袖の上衣に腰板があり襞のある長袴姿で座り、両手で大きなメシゲを持つ。

写真10　伊佐市菱刈町下手の田の神　　写真11　霧島市溝辺町玉利の田の神　　写真12　志布志市有明町蓬原中野の田の神

【安永5年（1776年）、像高47cm、彩色なし】

19. 曽於市末吉町諏訪方法楽寺の田の神

　シキを被り僧衣で袴をはき、右手にメシゲ、左は椀を持つ座像である。

【安永6年（1777年）、像高74cm、彩色なし】

20. 宮崎市高岡町上倉永高野西の田の神

　風化が強く顔の表情などは不明であるが、頭を丸めて長袖の上衣と長袴姿である。両手を輪組にして笏状のものを立てて持ち、両足を組んで座っている。衣は赤茶色で耳は黄色にみえる。

【安永6年（1777年）、像高55cm、一部彩色あり】

21. 鹿児島市五ヵ別府町川口の田の神（写真13）

　大きなシキを肩まで被り、広袖の上衣に長袴姿で、右手はメシゲを顔横に掲げ、左手は持ち物不明の立像。風化が強く顔の表情などは不明である。市の有形民俗文化財に指定されている。

【安永10年（1781年）、像高68cm、彩色なし】

22. 阿久根市山下久保下土橋の田の神

　面長顔に一部破損したシキを被る。風化が強く顔の表情などは不明である。長袖の上衣に裁着け袴姿で、左手で背中の袋を背負う立像である。

【天明7年（1787年）、像高56cm、彩色なし】

23. 薩摩郡さつま町鶴田柏原小路下手の田の神

　小さな笠を被り、広袖の上衣に裁着け袴姿で、右手にメシゲを持ち左は指で輪をつくる。僧型椅像メシゲ持ちの浮き彫り像である。

【寛政2年（1790年）、像高113cm、一部にベンガラ色の痕跡】

24. 薩摩川内市祁答院町下手菊池田の田の神（写真14）

　大きなシキを光背様に被り、そのまま背石と繋がっている。広袖の上衣に裁着け袴姿で、右手にメシゲを膝の上に持ち左手には椀を持って腰掛けている。仏像風であるが、庶民的な笑みがある。シキは黒色、衣はベンガラ色で顔と胸は白色に彩色されて、鮮やかである。

【寛政3年（1791年）、像高120cm、彩色あり】

25. 鹿児島市直木町直木山方の田の神（写真15）

　シキは大きく肩まで覆い、長袖の上衣に裁着け袴姿で、右手にメシゲ、左手

写真13　鹿児島市五ヵ別府
町川口の田の神

写真14　薩摩川内市祁答院
町下手菊池田の田の神

写真15　鹿児島市直木町直
木山方の田の神

には椀を持つ。僧型立像の浮き彫り像であるが、両足は不自然に開いてずんぐりとした像である。前の石像が盗まれて、今度は盗まれないように重い石像を作ったものらしい。

【寛政4年（1792年）、像高77cm、彩色なし】

26. 南九州市川辺町神殿下里の田の神

　頭を丸めて細長い上衣に袴姿で、風化が強く顔の表情などは不明である。両手を膝の上に置いて座る。庚申塔であるが、田の神としても親しまれている。市有形民俗文化財に指定されている。

【寛政7年（1795年）、像高48cm、彩色なし】

27. 鹿児島市吉田町石下谷大塚の田の神（写真16）

　前面が破損した大きなシキを被り、胸のはだけた広袖の上衣に長袴姿の立像で、右手でメシゲを胸に当てて左手は破損し不明である。口元の皺から年寄りと思われる。後方からは男性根にみえる。

【寛政11年（1799年）、像高78cm、彩色なし】

28. 伊佐市大口山野門田の田の神

　頭部と両手は欠損し、胸開きの上衣と袴姿で、両手を膝の上に置く。膝は右膝の方が高く、右足を立てているのかも知れない。

【寛政8年（1796年）、像高32cm、全体が薄紫】

29. 鹿児島市宇宿町中間梶原迫の田の神（写真17）

　総髪で風化が強く顔の表情などは不明である。分厚く大きなシキを肩まで被る。広袖の上衣に長袴姿、右手にメシゲ、左手には椀を持って立っている。後方からは男性根にみえる。市有形民俗文化財に指定されている。

【寛政12年（1800年）、像高75cm、彩色なし】

30. 南九州市川辺町神殿上里の田の神（写真18）

　笠状のシキを被り、目・鼻・口がはっきりした穏やかな表情である。長袖の上衣に裁着け袴姿、右手はメシゲを立てて持ち、左手にはおにぎりを持って、腰掛けている。背にワラヅトを背負うが、後方からは男性根にみえる。

【享和2年（1802年）、像高57cm、彩色なし】

31. 日置市吹上町田尻上田尻の田の神

　甕のシキを肩まで被り、袂の短い上衣に裁着け袴姿で、右手にメシゲ、左手は椀を持っている。風化が強く顔の表情などは不明である。大きな角石台の上に立つ。後方からは男性根にみえる。

【文化4年（1807年）、像高72cm、彩色なし】

32. 南さつま市加世田上津貫の田の神

　甕のシキを被り、長袖の上衣に長袴姿。右手にメシゲ、左手に椀を持ち、裸足で立っている。薩摩の僧型立像鍬メシゲ持ちツト負いの影響があるといわれ

写真16　鹿児島市吉田町石下谷大塚の田の神　　写真17　鹿児島市宇宿町中間梶原迫の田の神　　写真18　南九州市川辺町神殿上里の田の神

ている。

【文化11年（1814年）、像高75cm、彩色なし】

33. 薩摩郡さつま町内小川田の田の神（尼僧型）（写真19）

　長髪で大きな笠状のシキを被り、そのまま背石と一緒になっている。耳が大きくて目・鼻・口がはっきりして笑みを浮かべ、広袖の上衣と裁着け袴で、脚絆を巻いて立っている。右手に椀を持ち左手にはメシゲを持っている。

【文化13年（1816年）、像高90cm、頬紅と口紅あり】

34. 薩摩川内市高城町矢立の田の神

　シキを被り広袖の上衣に裁着け袴姿で、右手にメシゲ、左手には袋を持って立っている。浮き彫り像である。

【文政5年（1822年）、像高115cm、彩色あり】

35. 曽於郡大崎町立小野の田の神（写真20）

　被り物や頭髪はなく、耳が大きく目・鼻・口もはっきりした穏やかな表情で座っている。長袖の僧衣を着て、左手に数珠、右手には竹のたわしみたいな珍しいものを持つ。

【文政5年（1822年）、像高44cm、彩色なし】

36. 薩摩川内市天辰町坊之下の田の神

　シキを被り長袖の上衣の僧衣で、右手にメシゲ、左手には稲束を持って立っている。

【文政9年（1826年）、像高83cm、彩色なし】

37. 伊佐市大口針持堂山の田の神

　先尖りのシキを被り、広袖の上衣に裁着け袴姿で、右手にメシゲ、左手に棒を持って腰掛けている（椅像）。持ち回りから自治会所有になっている。

【文政11年（1828年）、像高34cm、顔は肌色で他は濃い紫色】

38. 薩摩川内市宮里町の田の神（写真21）

　陣笠様のシキを顎紐で結び、長袖の上衣に裁着け袴姿で、右手に大きなメシゲを立てて持ち、左手には椀を持って立っている。市の有形民俗文化財に指定されている。後方からは男性根にみえる。

【文政13年（1830年）、像高128cm、彩色なし】

39. 阿久根市多田大下の田の神

写真19　薩摩郡さつま町内　写真20　曽於郡大崎町立小　写真21　薩摩川内市宮里町
小川田の田の神（尼僧型）　野の田の神　　　　　　の田の神

　頭を丸めて長袖の上衣と長袴姿。風化が強く顔の表情などは不明である。両
手を胸で合わせており、その右横に大きなメシゲが立ててあるが、右手との連
続性はない。自然石の半分上に浮き彫りされている。
【弘化5年（1848年）、像高76cm、彩色なし】

40. 南さつま市加世田益山中小路の田の神（写真22－A，22－B）

　シキを被り長袖の上衣に短袴姿で、右手にメシゲ、左手は右肩から斜めに背
負ったワラヅトの紐を持つ。二俵の米俵の上に腰かけている。後方からは男性
根にみえる。
【嘉永2年（1849年）、像高80cm、彩色なし】

41. 志布志市福島渡の田の神

　舟型地蔵の形で、右手にメシゲを左手にはスリコギを持って座る。浮き彫り
像である。
【嘉永5年（1852年）、像高64cm、彩色不明】

42. 阿久根市鶴川内栫の田の神（写真23－A，23－B）

　一部が破損した笠冠を被り、風化が強く顔の表情などは不明である。長袖の
上衣に長袴姿で、右手に小さなメシゲを立てて持ち、左手は肩から袋を負って
立っている。
【安政2年（1855年）、像高82cm、彩色なし】

43. 出水市高尾野町江内木串の田の神

　頭を丸めて背石から伸びた笠冠を被り、風化が強く顔の表情などは不明である。長袖の上衣に裁着け袴姿で、右手にメシゲを下げて持ち、左手はスリコギを持って立っている。自然石に浮き彫りされている。

【慶応3年（1867年）、像高65cm、彩色なし】

44. 出水市野田町餅井の田の神

　総髪で分厚いシキを被り、目・鼻・口がはっきりした穏やかな表情である。広袖の上衣に長袴姿で、右手に鎌を持って両足を覗かせて立つ。持ち物が珍しく左手は右手に添えている。一見風変わりな珍しい像である。

【明治14年（1881年）、像高57cm、彩色なし】

45. 阿久根市多田内田の田の神（写真24）

　面長な顔に笠冠を被り、広袖の上衣に袴姿で、右手にメシゲ、左手は椀を持って立つ。両足が覗いている。目・鼻・口がはっきりした穏やかな表情である。

【明治37年（1904年）、像高75cm、彩色なし】

46. 曽於市大隅町月野川久保の田の神（写真25）

　目・耳・鼻がはっきりしたリアルな顔立ちで、頭巾を被り長袖の上衣に袴姿で、右手にメシゲ、左手はスリコギを垂直に持って座る。

【明治39年（1906年）、像高68cm、彩色なし】

47. 出水市高尾野町江内連尺野の田の神（写真26）

　四角いシキを被り、長袖の上衣に長袴姿で、右手にメシゲ、左手に椀を持って立つ。顔に対して体が非常に小さく、奇妙な感じがする。目・鼻・口がはっきりした穏やかな表情である。市の有形民俗文化財に指定されている。

【明治44年（1911年）、像高50cm、彩色なし】

48. 伊佐市大口青木の田の神

　シキを被り広袖の上衣に僧衣姿で、右手にメシゲ、左手に椀を持ち、立って背に米袋を負っている。（個人宅）

【大正4年（1915年）、像高56cm、彩色なし】

49. 伊佐市大口下木原上中の田の神（写真27）

　総髪で詩公帽子様の帽子を被り、広袖の上衣に袴姿で座る。右手にメシゲを

写真22－A　南さつま市加世
田益山中小路の田の神

写真22－B　南さつま市加世
田益山中小路の田の神

写真23－A　阿久根市鶴川内
栫の田の神

写真23－B　阿久根市鶴川内
栫の田の神

写真24　阿久根市多田内田
の田の神

写真25　曽於市大隅町月野
川久保の田の神

立てて持ち、左手には椀を持っている。目・鼻・口ははっきりした穏やかな表
情である。

【大正5年（1916年）、像高56cm、彩色なし】

50. 都城市山田町中霧島古江の田の神（写真28）

　総髪で円盤状のシキを肩まで被り、目・鼻・口ははっきりした面長顔で立っ
ている。広袖の羽織を上衣に被り、襞のある長袴姿で、右手にメシゲを立てて

写真26　出水市高尾野町江内連尺野の田の神　　写真27　伊佐市大口下木原上中の田の神　　写真28　都城市山田町中霧島古江の田の神

持ち、左手には数珠を持っているが、後方からは男性根にみえる。少し異様な感じのする石像である。

【大正6年（1917年）、像高56cm、彩色なし】

51. 曽於市財部町下財部吉ヶ谷の田の神

　笠冠を被り、右手にメシゲ、左手は鈴か椀を持って立つ。右手のメシゲは頭より上にあり、左足を斜めに上げて踊っている（僧型の田の神舞）。

【大正8年（1919年）、像高85cm、彩色なし】

52. 阿久根市多田丸内南方神社の田の神

　面長顔で笠冠を被り、広袖の上衣に腰袴のある長袴姿、右手にメシゲ、左手には椀を持って立つ。風化が強く顔の表情などは不明である。大きな角石台の上に立つ。

【大正11年（1922年）、像高87cm、彩色なし】

53. 鹿児島市谷山中央5丁目32の田の神（写真29）

　分厚い大きな瓶のシキを被り、長袖の上衣に長袴姿で、右手はメシゲを立てて持ち、左手は飯盛り椀を立って持つ。風化が強く顔の表情などは不明。後方からは男性根にみえる。

【大正11年（1922年）頃、像高71cm、彩色なし】

54. 伊佐市大口篠原山之口の田の神

シキを被り広袖の上衣に僧衣姿で、右手にメシゲを持ち、左手は米袋を背負って座っている。自治会所有である。

【大正13年（1924年）、像高36cm、彩色なし】

55. 出水市野田町上名天神の田の神

四角いシキを被り長袖の上衣に長袴姿、右手にメシゲ、左手に椀を持って立つ。風化が強く顔の表情などは不明である。市の有形民俗文化財に指定されている。

【大正13年（1924年）頃、像高64cm、彩色なし】

56. 鹿児島市谷山4丁目20奥の田の神（写真30）

分厚い大きなシキを被り、袂が丸く細長い裾の上衣を着て三本の襞の入った長袴姿、右手にメシゲ、左手は握り飯を持って立っている。風化が強く顔の表情などは不明である。後方からは男性根にみえる。

【大正13年（1924年）頃、像高80cm、彩色なし】

57. 鹿児島市谷山2丁目45新入の田の神（写真31）

大きな編目のシキを阿弥陀に被り、長袖の上衣に袴腰の長袴、右手にメシゲ、左手は大飯盛り椀を持って両足を覗かせて立つ。風化が強く顔の表情などは不明である。

【大正13年（1924年）頃、像高75cm、ベンガラ色の痕跡あり】

写真29　鹿児島市谷山中央5丁目32の田の神　写真30　鹿児島市谷山4丁目20奥の田の神　写真31　鹿児島市谷山2丁目45新入の田の神

58. 出水市高尾野町江内浦窪の田の神（写真32）

　大きな笠冠を被り、目・鼻・口がはっきりした穏やかな表情である。広袖の上衣に長袴姿で、右手にメシゲ、左手に椀を持って立っている。

【大正15年（1926年）、像高70cm、彩色なし】

59. 阿久根市大荒の田の神

　頭を丸めて広袖の羽織と長袴姿で前を紐で結ぶ。右手は何かを担いでおり、左手は短い棒状のものを持って立っている。目・鼻・口がはっきりした穏やかな表情である。浮き彫り像で、台石に「田神」と刻銘してある。

【大正15年（1926年）、像高58cm、彩色なし】

60. 伊佐市大口小木原の田の神

　平たい円盤状のシキを被り、僧衣で右手にメシゲ、左手に椀を持って座る。シキと椀は黒、メシゲと衣は青、顔は肌色である。個人宅のものである。

【昭和4年（1929年）、像高58cm、彩色あり】

61. 曽於郡大崎町上益丸の田の神（写真33）

　シキ笠を阿弥陀に被り、頭髪はなく目・鼻・口がはっきりした穏やかな表情で、瞑想の姿をしている。長袖の僧衣を着て、右手にメシゲを立てて持ち、左手は膝上でスリコギを持ち、座っている。小高い丘ですごい藪の中にある。

【昭和5年（1930年）、像高66cm、彩色なし】

62. 薩摩川内市湯田町砂嶽の田の神

　半球状の大きなシキを被り、風化が強く顔の表情などは不明である。広袖の上衣に長袴姿、右手に鎌、左手には稲の束を持って立つ。自然石に僧型立像の浮き彫り型である。中原太吉の作。当時墓石屋（石工）で、天草から墓石を舟で運び湯田口で働いていた。

【昭和9年（1934年）、像高59cm、彩色なし】

63. 曽於郡大崎町馬場の田の神

　前面が欠けたシキを被り、長袖の上衣に長袴姿で座り、右手にメシゲを立てて持ち、左手は膝上でスリコギを持つ。公民館の木の根っこに挟まるように祀られている。

【昭和10年（1935年）、像高37cm、彩色なし】

64. 曽於郡大崎町鷲塚の田の神

大きな笠のシキを被り、目・鼻・口がはっきりして円満でふくよかな表情である。胸開きの長袖の僧衣を着て、大きくて長いメシゲを顔横に立て、左手は膝上でスリコギを持ち座っている。

【昭和27年（1952年）、像高39cm、彩色不明】

65. 出水市野田町上名青木原の田の神（写真34）

　半円形のシキを被り、長袖の長衣の僧衣姿で、右手にメシゲ、左手に椀を持って立つ。風化が強く顔の表情などは不明である。後方からは男性根にみえる。

【昭和30年（1955年）、像高58cm、彩色なし】

66. 曽於郡大崎町野方曲の田の神（写真35）

　大きな瓶のシキを肩まで阿弥陀に被り、胸開きの広袖の上衣に長袴姿で座り、右手にメシゲを立てて持ち、左手はスリコギを横にして持っている。目・鼻・口がはっきりした穏やかな表情である。

【昭和34年（1959年）、像高50cm、彩色なし】

67. 曽於郡大崎町横内の田の神（写真36）

　大きなシキ笠を被り、頭髪はなく目・鼻・口がはっきりして落ち着きのある円満な表情である。胸開きの長袖の僧衣を着て、右手にメシゲを立てて持ち、左手は膝上でスリコギを持ち座っている。

写真32　出水市高尾野町江内浦窪の田の神　写真33　曽於郡大崎町上益丸の田の神　写真34　出水市野田町上名青木原の田の神

【昭和35年（1960年）、像高52cm、彩色なし】

68. 曽於郡大崎町立小野の田の神

　大きなシキ笠を被り、総髪で目・鼻・口がはっきりして落ち着きのある円満な表情である。胸開きの長袖の僧衣を着て、右手にメシゲを立てて持ち、左手は膝上でスリコギを持ち座っている。

【昭和35年（1960年）、像高54cm、彩色なし】

69. 曽於郡大崎町立小野曲の田の神

　大きなシキ笠を被り、頭髪はなく目・鼻・口がはっきりして円満でふくよかな表情である。胸開きの長袖の僧衣を着て、右手はメシゲを立てて持ち、左手は膝上でスリコギを持ち座っている。

【昭和35年（1960年）、像高50cm、彩色なし】

70. 曽於郡大崎町菱田田中沖正和の田の神

　大きなシキ笠を被り、頭髪はなく目・鼻・口がはっきりして落ち着きのある静かな表情である。胸開きの長袖の僧衣を着て、右手にメシゲを立てて持ち、左手は膝上でスリコギを持ち座っている。

【昭和35年（1960年）、像高40cm、彩色不明】

71. 伊佐市大口針持笠松の田の神

　頭巾を被り広袖の上衣に僧衣で、右手に棒、左手に団子を持って座る。持ち回りの田の神である。

【昭和52年（1977年）、像高37cm、頭巾は灰色、上衣緑、下衣黄色】

72. 姶良市加治木高井田の田の神

　シキを被り僧衣姿で、右手にメシゲを持ち左手は胸において胡座をかく。

【昭和56年（1981年）、像高60cm、彩色なし】

73. 出水郡長島町平尾の田の神（写真37）

　新しい作品で、頭を丸めてシキを背中まで被り、目・鼻・口がはっきりした穏やかな表情である。僧衣で右手にメシゲ、左手に宝珠を持って、頭を右に傾けて胡座している。

【平成17年（2005年）、像高41cm、彩色なし】

74. 薩摩郡さつま町二渡の田の神

　笠を被り法衣と袴姿で、右手にメシゲ、左手は宝珠を持ち、足を組んで座

写真35　曽於郡大崎町野方　　写真36　曽於郡大崎町横内　　写真37　出水郡長島町平尾
曲の田の神　　　　　　　　　の田の神　　　　　　　　　の田の神

る。

【平成25年（2013年）、像高65cm、彩色なし】

【Ⅲ】旅僧型

　旅僧型石像は、基本的には「僧や修験僧が、村を托鉢して回る姿を写し取っ
たもの」とされている。一般的には、総髪でシキを被り、長袖の上衣に脚絆を
巻いた袴（裁着け袴か長袴）姿で、メシゲや椀を持ち、首から頭陀袋を下げ
て、片足を前に一歩踏み出した石像が多い。この頭陀袋と、片足を前方に踏み
出したものを旅僧型として分類している。

　旅僧型については、北薩摩地方と大隅半島地方でそれぞれ独特な生い立ち
や石像の形態があり、（1）北薩摩型旅僧型と（2）大隅半島型旅僧型、そし
て（3）その他の旅僧型の三種類に分類している。しかしながら作製年代の判
明した石像は少なく、特に北薩摩旅僧型ではわずか5体（年代不詳のもの47
体）、大隅半島型旅僧型でも年代判明は19体（年代不詳17体）、その他の旅僧
型では8体（年代不詳12体）と、作製年代の判明している旅僧型は全部で32体
である。

（1）北薩摩型旅僧型

　出水市を中心とした北薩摩地方の旅僧型は、基本的には首から頭陀袋を下げて両手にメシゲと椀を持つ、**頭陀袋下げ僧型立像メシゲ椀持ち型**である。その分布は作製年代不詳のものも含めて、出水市で48体とほとんどを占め、次いで阿久根市で3体、薩摩郡さつま町で1体の計52体である。その中で作製年代が判明しているものは僅か5体であり、作製年代にそった詳細な分析は困難である。よって文献などを参照して考察を加えてみたい。

　年代が判明した最も古い石像は、出水市高尾野町大久保浦の田の神で、寛延4年（1751年）の作である。笠状の大きなシキをキャップ状に被り、広袖の上衣に長袴を身に着けて、右手にメシゲ、左手には椀を持ち、首から頭陀袋を下げている。次に古いのが、出水市高尾野町江内柴引唐笠木の田の神で、天明5年（1785年）の作である。風化が強く顔の表情や持ち物などは不明である。分厚いシキを肩まで被り、広袖の上衣に裁着け袴を履き、首から頭陀袋を下げている。両者とも、両手に持ち物があり、頭陀袋を下げている点は同じであるが、前者は笠状のシキをキャップ状に被り、長袴を身に着けたタイプの**長袴型**であり、後者はシキを肩まで被り、裁着け袴を履いたタイプの**裁着け袴型**である。このように大まかに頭に被るシキと身に着ける袴の種類が異なる二種類の石像の型があることが分かる。

1. 出水市高尾野町大久保浦の田の神（写真1）

　総髪で面長な顔に笠状の大きなシキをキャップ状に被り、長袖の上衣に腰板のある長袴姿である。右手に大きなメシゲを立てて持ち、左手には椀を持って首から頭陀袋を下げる。比較的保存状態が良く、顔も鼻と口ははっきりしている。後方からは男性根にみえる。市の有形民俗文化財に指定されている。
【寛延4年（1751年）、像高58cm、彩色なし】

2. 出水市高尾野町江内柴引唐笠木の田の神（写真2）

　道路沿いの高台にある。破損した分厚いシキを肩まで被り、長袖の上衣に裁着け袴姿で頭陀袋を下げている。以前は右手にメシゲ、左手に椀を持っていたとされるが、風化がかなり進んで表情や持ち物は判然としない。

写真1　出水市高尾野町大久　写真2　出水市高尾野町江内　写真3　出水市武本江川野の
保浦の田の神　　　　　　　柴引唐笠木の田の神　　　田の神

【天明5年（1785年）、像高66cm、彩色なし】

3. 出水市武本江川野の田の神（写真3）

　総髪で目・鼻・口がはっきりして落ち着いた表情である。大きくて厚い笠状のシキをキャップ状に被り、長袖の上衣に腰板のある長袴姿である。右手にメシゲを立てて持ち、左手には椀を持って首から頭陀袋を下げる。後方からは男性根にみえる。

【天保11年（1840年）、像高68cm、彩色なし】

4. 出水市中央町横尾（右側）の田の神（写真4－A，4－B）

　総髪で面長な顔に笠状のシキをキャップ状に被り、長袖の上衣に腰板のある長袴姿である。右手にはメシゲを立てて持ち、左手は椀を持って頭陀袋を下げて前を紐で結ぶ。風化が強く顔の表情などは不明である。後方からは男性根にみえる。

【慶応3年（1867年）、像高70cm、彩色なし】

5. 出水市明神町今村の田の神（写真5）

　風化が強く顔の表情などは不明であるが、面長顔で笠状のシキをキャップ状に被る。長袖の上衣に腰板のある長袴姿で、右手にメシゲを立てて持ち、左手には椀を持って首から頭陀袋を下げる。後方からは男性根にみえる。

【大正元年（1912年）、100cm、彩色なし】

写真4-A　出水市中央町横　写真4-B　出水市中央町横　写真5　出水市明神町今村の
尾（右側）の田の神　　　　尾（右側）の田の神　　　　田の神

■参考資料／年代不詳のもの

　ところで、長袴型と裁着け袴型の二種類があると述べたが、どちらが先に作製されたのか興味がもたれる。作製年代は不詳であるが、参考資料として次の2体を紹介する。

6.　出水市高尾野町大久保野平の田の神（写真6-A，6-B）

　厚いシキを肩まで被り、広袖の上衣に裁着け袴で、右手は欠損し、左手には大きなメシゲを下げて持ち、首から頭陀袋を下げている。

【像高63cm、彩色なし】

7.　出水市今釜町今中の田の神（写真7）

　大きなシキを背まで被り、顔の表情は不明であるが、長袖の上衣に裁着け袴で、右手にメシゲを下げて持ち、左手の持ち物は椀と思われる。やはり首から頭陀袋を下げている。

【像高62cm、彩色なし】

　これらの裁着け袴型の田の神は、長袴型のものよりさらに古い型の石像と考えられており、共に18世紀末の作といわれている。この裁着け袴型の石像は、ペンギンの格好に似ていると評されており、小野重朗先生は、時代的には**裁着**

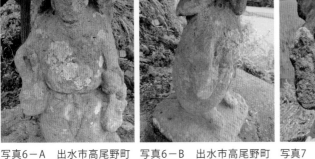

写真6-A　出水市高尾野町
大久保野平の田の神

写真6-B　出水市高尾野町
大久保野平の田の神

写真7　出水市今釜町今中の
田の神

け袴型が先に作られて、その後に**長袴型**が作製されるようになったと紹介され
ている（『田の神サア百体』）。

（2）大隅半島型旅僧型

　大隅半島型は北薩摩型と同じ頃に作製されているが、北薩摩型とかなり異な
り「総髪で点彫りシキを被り、長袖の上衣に裁着け袴姿で脚絆を巻き、片足を
前に出すか上に挙げている。また右手にスリコギを立てて持ち、左手にはメシ
ゲを水平に持って、宝珠印の頭陀袋を下げる石像」が典型的な像である。これ
は僧が、村を托鉢して回る姿を写し取ったものと考えられている。新しい年代
のものでは、総髪でなく頭を丸め、頭陀袋を下げないものなどもあり、バラエ
ティーに富んでいる。また石像によっては、裁着け袴でなく長袴に見えるもの
も二体あるが、脚の部分を少し省略しているから、そう見えているものと思わ
れる。分布地域は、大隅半島南部の鹿屋市、曽於郡大崎町、肝属郡などに限ら
れている。このユニークな大隅半島型旅僧型の石像が、どのような経過で、誰
によって刻まれてきたのか、非常に興味の惹かれるところである。

　この中で、作製年代が判明している田の神石像は19体であり、作製年代が不
明のものが17体、合わせて大隅半島型の旅僧型は36体である。また作製年代が
判明しているもので、最も古い石像は、肝属郡肝付町川北の田の神で明和8年

（1771年）の作で、最も新しいものは、肝属郡東串良町新川西唐仁の大正6年（1917年）で、約150年間とかなり作製年代に幅があることが分かる。

1. 肝属郡肝付町川北の田の神（写真1－A，1－B）
点刻シキを肩まで被り、風化が強く髪や顔の表情などは不明であるが、首から頭陀袋を下げる。長袖の上衣に裁着け袴で、右手に一部欠けたスリコギを垂直に、左手はメシゲを水平に持ち、右足を前に出している。背石型で、支え石の面に刻銘があり、顔や足は補修されている。平成30年に水神碑と一緒に、現在地に移設されている。この型の石像では、最も古いもので貫録がある。
【明和8年（1771）年、像高80cm、ベンガラ色の痕跡】

2. 鹿屋市吾平町下名真角の田の神（写真2）
総髪で点刻シキを肩まで被り、目と口がはっきりした穏やかな表情で、長袖の上衣と裁着け袴で脚絆を巻き、右足を前に出す。右手にスリコギを立てて持ち、左手はメシゲを水平に持って、宝珠印の頭陀袋を下げる。背石型で、支え石の面に刻銘されている。
【安永4年（1775年）、像高74cm、彩色なし】

3. 肝属郡肝付町新富本城下の田の神（写真3）
総髪で点刻シキを肩まで被り、目と口がはっきりした穏やかな顔をして、長袖の和服と裁着け袴で脚絆を巻き、右足を上に上げる。右手はスリコギを立てて、左手はメシゲを水平に持って、宝珠印の頭陀袋を下げる。背石型で支え石の面に刻銘がある。
【安永6年（1777年）、像高80cm、ベンガラ色の痕跡】

4. 肝属郡肝付町後田大脇の田の神
総髪に点刻シキを肩まで被り、長袖の上衣に裁着け袴で脚絆を巻いて、右足を上に上げている。宝珠を付けた頭陀袋を下げて、右手にスリコギを立てて持ち、左手にはメシゲを水平に持つ。背石型で背後の大きな支え石の面に刻銘がある。
【享和3年（1803年）、像高93cm、彩色なし】

5. 鹿屋市上野町寺田の田の神（写真4－A，4－B）
総髪で大きな点刻シキを肩まで被り、風化が強く顔の表情は不明である。長

写真1-A　肝属郡肝付町川北の田の神

写真1-B　肝属郡肝付町川北の田の神

写真2　鹿屋市吾平町下名真角の田の神

写真3　肝属郡肝付町新富本城下の田の神

写真4-A　鹿屋市上野町寺田の田の神

写真4-B　鹿屋市上野町寺田の田の神

袖の上衣に裁着け袴で、赤い縁取りの頭陀袋を下げる。右手にスリコギを立てて持ち左手はメシゲを水平に持って、右足を少し前に出す。背石型で、支え石の面に刻銘がある。上野町芝原から移設された。襟元や衣などに、ベンガラ色の痕跡が残る。

【享和年間（1801〜1804年）推定、像高70cm、ベンガラ色の痕跡】

6. 鹿屋市串良町岡崎上の田の神（写真5-A，5-B）

総髪で点刻シキを肩まで被り、風化が強く表情は不明である。長袖の上衣と裁着け袴姿で、左足を前に出している。右手はスリコギを立てて持ち、左手はメシゲを水平に持って、宝珠印の頭陀袋を下げる。背石型で、支え石の面に刻銘がある。石像のシキや衣などに、ベンガラ色の痕跡が残る。後方からは男性根にみえる。

【文化2年（1805年）、100cm、ベンガラ色の痕跡】

7. 曽於郡大崎町井俣田中の田の神

総髪でシキを肩まで被り、顔は白く化粧されている。目がはっきりした穏やかな表情である。長袖の上衣に裁着け袴姿で脚絆を巻き、右手にスリコギを立てて持ち、左手はメシゲを水平に持って、頭陀袋を下げて、左足を前に出す。背石型で支え石の面に刻銘がある。頬や口および襟元や袖とメシゲなどにベンガラ色が残る。

【文化11年（1814年）、像高78cm、ベンガラ色の痕跡】

8. 鹿屋市南町山下の田の神

総髪で点刻シキを肩まで被り、長袖の上衣に裁着け袴姿で脚絆を巻き、右足を前に出している。右手の持ち物は不明で、左手はメシゲを水平に持って、宝珠印の頭陀袋を下げる。背石型で地衣が強く、一部にベンガラ色の痕跡があり、支え石の面に刻銘がある。

【文化11年（1814年）、像高68cm、一部にベンガラ色の痕跡】

9. 曽於郡大崎町新地の田の神

総髪で点刻シキを肩まで被り、顔は白く化粧されている。目がはっきりした穏やかな表情である。長袖の上衣に裁着け袴姿で脚絆を巻き、右手にスリコギを立てて持ち、左手はメシゲを水平に持って、宝珠印の頭陀袋を下げて、右足を前に出す。

【文政元年（1818年）、像高43cm、彩色あり】

10. 肝属郡肝付町新富西横間の田の神（写真6）

総髪で点刻シキを肩まで被り、長袖の上衣に裁着け袴姿で、右膝を大きく曲げている。右手でスリコギを立てて持ち、左手はメシゲを水平に持ち、頭陀袋を下げる。背石型で支え石の面に刻銘がある。持ち物や衣の一部にベンガラ色の痕跡がある。

写真5－A　鹿屋市串良町岡崎上の田の神

写真5－B　鹿屋市串良町岡崎上の田の神

写真6　肝属郡肝付町新富西横間の田の神

【天保7年（1836年）頃、像高85cm、ベンガラ色の痕跡】

11.　鹿屋市南町牟田畑（写真7）

　総髪で点刻シキを肩まで被り、長袖の上衣に裁着け袴姿で脚絆を巻き、右足を前に出している。右手にスリコギを立てて持ち、左手にはメシゲを水平に持って、首から頭陀袋を下げている。背石型で支え石の面に刻銘がある。ベンガラ色の痕跡が残る。

【嘉永2年（1849年）、像高65cm、背石にベンガラ色の痕跡】

12.　肝属郡肝付町前田の田の神

　点彫りシキを肩まで被り、長袖の上衣に裁着け袴姿で、右手にスリコギを立てて持ち、左手はメシゲを水平に持つ（風化が強く総髪や頭陀袋は不明）。背石型で支え石に刻銘がある。像の一部が黄色にみえる。

【慶応2年（1866年）、像高73cm、一部が黄色にみえる】

13.　肝属郡肝付町宮下南宮下の田の神（写真8）

　総髪でシキを肩まで被り、目・鼻・口が明確で穏やかな顔、左膝を少し曲げて右足を前に出している。長袖の上衣に裁着け袴姿で脚絆を巻き、右手にメシゲを立てて持ち、左手はスリコギを水平に持つ。頭陀袋はなく、背石型である。支え石は刻銘があるが、白く塗られている。衣などに薄くベンガラ色の痕跡が残る。

【慶応4年（1868年）、像高85cm、ベンガラ色の痕跡】

14. 鹿屋市南町伊敷の田の神

　総髪で点刻シキを肩まで被り、長袖の上衣に脚の部分は省略されている。右手にスリコギを立てて持ち、左手はメシゲを水平に持つ。首から頭陀袋を下げる。背石型で支え石の面に刻銘がある。一部にベンガラ色の痕跡がある。

【明治9年（1876年）、像高46cm、ベンガラ色の痕跡】

15. 鹿屋市吾平町上名門前の田の神

　総髪で点刻シキを肩まで被り、長袖の上衣に裁着け袴姿で、左足を前に出す。右手にスリコギを立てて持ち、左手はメシゲを水平に持って、首から頭陀袋を下げる。背石型で支え石の面に刻銘がある。一部にベンガラ色の痕跡がある。

【明治12年（1879年）、像高81cm、ベンガラ色の痕跡】

16. 肝属郡肝付町新富花牟礼の田の神（写真9）

　頭を丸めて点彫りシキを肩まで被り、目・鼻・口がはっきりして落ち着いた表情である。長袖の上衣に脚の部分は省略されている。宝珠印の頭陀袋を下げて、右手には大きなスリコギを顔に付けて立てて持ち、左手はメシゲを水平に持つ。背石型で支え石の面に刻銘がある。

【明治14年（1881年）、像高60cm、像全体にベンガラ色の痕跡】

写真7　鹿屋市南町牟田畑　　写真8　肝属郡肝付町宮下南　　写真9　肝属郡肝付町新富花
　　　　　　　　　　　　　　　　　　宮下の田の神　　　　　　　　牟礼の田の神

17. 肝属郡東串良町新川西唐仁の田の神（写真10）

　顔面の破損が強い。総髪で点刻シキを肩まで被り、長袖の上衣に裁着け袴姿で、脚絆を巻いている。右手にスリコギを立てて持ち、左手はメシゲを水平に持って、宝珠印の頭陀袋を下げる。背石型で支え石の面に刻銘がある。口紅が赤く、その他石像の一部にベンガラ色の痕跡が残る。

【明治30年（1897年）推定、像高70cm、口紅とベンガラ色の痕跡】

18. 肝属郡東串良町川東中園の田の神（写真11）

　総髪で点刻シキを肩まで被り、長袖の上衣と裁着け袴姿で、脚絆を巻いて左足を前に出している。右手に一部欠けたスリコギを持ち、左手にはメシゲを水平に持って、宝珠印の頭陀袋を下げる。背石型で支え石の面に刻銘がある。髪や頭陀袋、持ち物などは黒く、裁着け袴は黒色に白の縦縞が入れてある。

【明治42年（1909年）、像高90cm、髪や衣類など黒く彩色】

19. 鹿屋市串良町上小原の田の神（写真12）

　総髪で点刻シキを肩まで被り、目・鼻・口がはっきりした顔で、長袖の上衣に裁着け袴を着けている。右手にスリコギを立てて持ち、左手にはメシゲを水平に持って、右足を前に出している。背石型で支え石の面に刻銘がある。

【大正4年（1915年）、像高45cm、ベンガラ色の痕跡】

20. 肝属郡東串良町新川西唐仁の田の神

写真10　肝属郡東串良町新川西唐仁の田の神　　写真11　肝属郡東串良町川東中園の田の神　　写真12　鹿屋市串良町上小原の田の神

顔面の破損がひどいが口紅だけ赤く塗られ、総髪で点刻シキを肩まで被り、長袖の上衣に裁着け袴姿である。右手に欠けたスリコギの柄を持ち、左手はメシゲを水平に持って、宝珠印の頭陀袋を下げる。背石型で支え石の面に刻銘がある。石像の衣など一部にベンガラ色の痕跡が残る。
【大正6年（1917年）、像高72cm、口紅とベンガラ色の痕跡】

写真13　曽於郡大崎町牧之内の田の神

21. 曽於郡大崎町牧之内の田の神（写真13）

総髪で点刻シキを肩まで被り、目・鼻・口がはっきりした顔で、長袖の上衣に裁着け袴を着けている。右手にスリコギを立てて持ち、左手にはメシゲを水平に持って、宝珠印の頭陀袋を下げる。
【昭和33年（1958年）、像高80cm、ベンガラ色痕跡】

（3）その他の旅僧型

　これらの二種類の旅僧型の他にも、各地に首から頭陀袋を下げたり、片足を前に出して托鉢に出かける格好をしたりする石像が存在する。古いものでは、宝暦2年（1752年）の鹿児島市和田町1丁目の田の神、宝暦3年の鹿児島市直木町牟田の田の神、宝暦4年の薩摩川内市入来町浦之名池頭竹原田の田の神など、北薩摩型や大隅半島型の古いものと同じ頃の作品がある。それぞれに特徴のある石像である。恐らくこの旅僧型の石像は、比較的広範な地域で作製されていたのではないかと推測される。

1. 鹿児島市和田町1丁目の田の神（写真1－A，1－B）

　シキを光背様に被り、袖のない上衣に裁着け袴姿で、風化が強く顔の表情などは不明である。右手にメシゲ、左手に鈴を持って立ち、右足を前に出す。腹が出て満腹感を表現している。高さ120cmの祠の中に祀られているが、その理由は分からない。
【宝暦2年（1752年）、像高55cm、彩色なし】

2. 鹿児島市直木町直木牟田の田の神（写真2）

　笠状のシキをキャップ状に被り、穏やかな表情である。広袖の上衣に脚絆を巻いた裁着け袴姿で、右手はメシゲを立てて持ち、左手は椀を持っている。頭陀袋はないが、托鉢して歩く僧の姿を表している。

【宝暦3年（1753年）、像高55cm、彩色なし】

3. 薩摩川内市入来町浦之名池頭竹原田の田の神（写真3）

　肩までの大きなシキを被り、長袖の上衣に裁着け袴姿で、右手にスリコギを持ち左手は腰紐に当てる。目・鼻・口がはっきりした穏やかな表情をして、右足を前に出し托鉢に出かける格好である。後方からは男性根にみえる。

【宝暦4年（1754年）、像高58cm、彩色なし】

4. 鹿児島市星ヶ峯3丁目の田の神（写真4）

　総髪で螺旋形の輪が刻まれた甑のシキを被り、風化が強く顔の表情などは不明である。長袖の上衣に裁着け袴姿で脚絆を巻いて、右手はメシゲを振りかざし、左手には椀を持つ。左足を前に出して、首から頭陀袋を下げる。五ケ別府町蕨野にあったものを現在地に移設している。

【宝暦12年（1762年）、像高81cm、全体的に薄い紫色】

5. 南さつま市金峰町中津野の田の神（写真5）

　面長な顔にシキを肩まで被る。風化が強く顔の表情は不明である。広袖の上

写真1－A　鹿児島市和田町1丁目の田の神　　写真1－B　鹿児島市和田町1丁目の田の神　　写真2　鹿児島市直木町直木牟田の田の神

写真3　薩摩川内市入来町浦
之名池頭竹原田の田の神

写真4　鹿児島市星ヶ峯3丁
目の田の神

写真5　南さつま市金峰町中
津野の田の神

衣に裁着け袴姿で、右手に大きなメシゲを立てて持ち、左手には椀を持っている。背面は背石型、長袴であり、前面と後面で袴の種類が異なる。支え石に刻銘がある。

【安永6年（1777年）、像高75cm、彩色なし】

6.　出水市高尾野町柴引砂原の田の神

　大きなシキはそのまま背石型になり、風化が強く顔の表情などは不明である。長袖の上衣に裁着け袴で、右手にキネで左手にメシゲを持ち、左膝を立てている。

【天明5年（1785年）と推定、像高76cm、彩色なし】

7.　鹿屋市輝北町歌麿の田の神（写真6）

　道路沿い崖に祀られており、欠けたシキを被り風化が強く顔の表情などは不明である。広袖の上衣に裁着け袴姿で、右手はメシゲ、左手に椀を持つ。右足を前に出して、首から頭陀袋を下げる。

【文化2年（1805年）、像高58cm、像の一部が緑色】

8.　鹿児島市中山町自由が丘入口の田の神（写真7）

　甕のシキを頭巾風に肩まで被り、丸顔であるが、風化が強く顔の表情などは不明である。広袖の上衣に腰板のある裁着け袴姿で、破損しているが右手にメシゲを立てて持ち、左手は大盛り飯椀を持っている。首から頭陀袋を下げる。

【大正9年（1920
年）、像高76cm、彩
色なし】

　ここで少し大隅半島
の田の神の歴史につい
て紹介する。大隅半島
型の**旅僧型メシゲ・ス
リコギ型**の分布と、
【Ⅱ】僧型で述べた大
隅半島型**僧型鍬持ちツ
ト負い型**の分布はほぼ

写真6　鹿屋市輝北町歌麿の
田の神

写真7　鹿児島市中山町自由
が丘入口の田の神

同じである。これは実に興味深いことである。また、先に述べたように最も古
い旅僧型メシゲ・スリコギ型は、明和8年（1771年）の肝属郡肝付町川北の田
の神であるが、一方の僧型鍬持ちツト負い型の肝属郡肝付町野崎の田の神や、
肝属郡東串良町安留の田の神そして鹿屋市吾平町上名中福良の田の神も、すべ
て製作年代が同じである。
　これらの流れと、B．神像系【Ⅲ】神職型座像で紹介する志布志市有明町蓬
原野井倉豊原の田の神に代表される**神職型メシゲ・スリコギ型**の田の神が、新
しい大隅地方田の神石像の主流をなしていくことになる。

【Ⅳ】道祖神的並立型

　全国的に存在する道祖神は、自然石から男女が仲良く手をつないだ姿や肩を
組んで抱き合ったもの、笏や扇を持つ一人姿のものなど多彩であり、古くから
道端などに祀られている。ご利益は名の通り道を守る道中安全や他の村や町か
ら邪気や悪霊が入るのを防ぐ。男女一体の形では、夫婦円満や子孫繁栄および
縁結びといわれている。
　中国にその原型があり、自分たちの土地を守る、つまり侵入者を防ぐ、農耕
社会なら害虫から作物を守る、いわゆる豊作を願うものといわれている。また

生死の境目の意味もあり日本神話にも登場する。

　道祖神自体の歴史は平安時代まで遡るといわれるが、現存しているのはだいたい江戸時代中期から明治時代初期の作品で、田の神石像の歴史と重なる。当時、戦（いくさ）がなくなり、多くの石工師がこれらの石像の作製に従事したといわれている。

　山田慶晴氏は「川内市のアベック田の神石像」や「一石双体田の神石像」の中で、大きい一つの石に男女二体を彫りこんだのが「一石双体の田の神」であると述べられている。ただ、浮き彫りと丸彫りの二つがある。石像を大きな石に男女像を浮き彫りしたものは**一石双体浮き彫り型男女像（A）**、一つの自然石に二体の石像を丸彫りしたものが**一石双体丸彫り型男女像（B）**である。実際に存在するのは、圧倒的に浮き彫り型が43体と多く（作製年代の判明した24体と年代不詳の19体）、丸彫り型は僅かに年代が判明した2体のみである。

（1）一石双体浮き彫り型男女像

　作製年代の判明した24体の石像について紹介する。道祖神の影響を受けて薩摩川内市やいちき串木野市では、自然石に枠を作って浮き彫りした男女並立型が作製されている。枠の中には男女の田の神石像が並立して立っており、被り物や衣、両手の持ち物など多彩で、見る人の目を楽しませてくれる。外枠の上に月や太陽を描いたものや、いちき串木野市では外枠のないものもある。最も古いのは寛保3年（1743年）の薩摩川内市水引町湯原の田の神で、以降、江戸時代末期と大正時代に多く作製されている。

1. 薩摩川内市水引町湯原の田の神（写真1－A，1－B，1－C）

　風化しやすい凝灰岩の前面に枠を作って浮き彫りにし、枠の上部に向かって右に日輪（太陽）、左に月輪（月）が彫ってある。枠の中には二体の田の神が並立している。右の男神は烏帽子を被り、紋付袴羽織姿の薩摩武士風で、右手に扇子を閉じて持って立っている。左の女神はシキを被り、袖の長い長衣を着流して、恐らく右手にメシゲ、左手に椀を持って立つ。両神とも風化が強く顔の表情などは不明である。このタイプでは最も古い石像である。高さ83cmの石に、像高44cmの像が刻んである。

石像の上部に刻まれた太陽と月は、作物を成長させる偉大なる太陽に対する農民たちの気持ちや、人間の生死に関して不思議な思いを抱かせる月への敬虔な気持ちを表現していると考えられている。

【寛保3年（1743年）、像高83cm、彩色なし】

2. 薩摩川内市宮内町2003-1の田の神（写真2）

　左の男神は帽子状にシキを被り、着物姿で前を紐で結び、右手はメシゲを立てて持ち、左手にはスリコギを持って立つ。右の女神は帽子状にシキを被り、長袖の和服と袴姿で、右手にメシゲを横に持って立つ。風化が強く顔の表情などは不明であるが萩野○右衛門作で、高さ95cmの自然石に、共に像高64cmの石像が浮き彫りされている。

【文化14年（1817年）、像高95cm、彩色なし】

3. 薩摩川内市隈之城町隈之城（公民館）の田の神

　左の神はシキを被り、広袖の上衣に袴姿、右手にメシゲ、左手には椀を持って立つ。右の神はシキを被り、着物姿で両手でスリコギを持って立つ。高さ98cmの石に浮き彫りされている。

【天保8年（1837年）、像高98cm、彩色なし】

4. 薩摩川内市中郡2丁目2-6（薩摩川内市歴史資料館）の田の神

　田の神と馬頭観音の双体で、シキを被り広袖の上衣に袴姿で、右手にメシゲ、左手には

写真1-A　薩摩川内市水引町湯原の田の神

写真1-B　薩摩川内市水引町湯原の田の神

写真1-C　薩摩川内市水引町湯原の田の神

椀を持って立つ。古くから山崎家個人所有。平成13年、薩摩川内市歴史資料館に寄贈。

【天保12年（1841年）以前、像高38cm、彩色あり】

5. 薩摩川内市陽成町牧迫の田の神（写真3）

　左の女神は帽子状にシキを被り、長袖の和服に袴姿で立ち、右手はメシゲを下げて持つが、左手の持ち物は不明である。右の男神は陣笠を被り裃と袴姿で立ち、右手にスリコギを持ち、左手の持ち物は不明である。両神とも風化が強く顔の表情は不明。高さ118cmの自然石、石像63cmと73cmの像が刻まれている。

【天保12年（1841年）、像高118cm、彩色なし】

6. 薩摩川内市陽成町中麦妙徳寺の田の神（写真4）

　左の女神はシキを被り、着物姿をして、右手にメシゲを立てて持ち、右の男神は烏帽子を被り、羽織と袴姿で、右手にキネを持って立つ。風化が強く顔の表情などは不明。高さ105cmの石に、像高62cmと70cmの石像が浮き彫りされている。

【天保12年（1841年）、像高105cm、彩色なし】

7. 薩摩川内市陽成町並松の田の神

　左の女神はシキを被り、着物姿で、右手にメシゲ、左手は錫杖を持って立

写真2　薩摩川内市宮内町2003－1の田の神

写真3　薩摩川内市陽成町牧迫の田の神

写真4　薩摩川内市陽成町中麦妙徳寺の田の神

つ。右の男神は烏帽子を被り、裃と袴姿で、右手スリコギ、左手にはおにぎりを持って立つ。共に風化が強く顔の表情などは不明である。高さ110cmの自然石に、像高60cmと68cmの石像が浮き彫りされている。以前に大洪水で、川に転落している。

【天保12年（1841年）、像高110cm、彩色なし】

8. 薩摩川内市久見崎町諏訪神社の田の神（写真5）

左の女神はシキを被り、着物姿で、右手にメシゲ、左手にはスリコギを持って立つ。右の男神はシキを被り、袴姿、右手にスリコギ、左手にはおにぎりを持って立つ。高さ55cmの石に浮き彫りされている。

【弘化3年（1846年）、像高55cm、彩色なし】

9. 薩摩川内市向田町日暮の田の神

左の神はシキを被り、広袖の上衣に袴姿、右手にスリコギ、左手にはおにぎりを持って立つ。右の神は広袖の上衣に袴姿、右手にメシゲを持って立つ。左手は不明。高さ67cmの石に浮き彫りされている。

【嘉永5年（1852年）、像高67cm、彩色なし】

10. いちき串木野市河内の田の神（写真6）

左の女神は髪がなく分厚いシキを被り、広袖の和服に袴姿、両手で大きなメシゲを持って立つ。右の男神は冠を被り、広袖の上衣に長袴を着て両手で笏を持って立つ。共に風化が強く顔の表情などは不明である。高さ76cmの石に、共に74cmの像が浮き彫りされている。

【万延元年（1860年）、像高76cm、彩色なし】

11. いちき串木野市上名の田の神（写真

写真5　薩摩川内市久見崎町諏訪神社の田の神

写真6　いちき串木野市河内の田の神

7)

　左の女神は髪を結い、広袖の和服と袴姿で、右手に手振り錫杖を持って立つ。左手の持ち物は不明。右の男神は顎紐のあるシキを頭巾状に被り、長袖の上衣に裁着け袴姿で、右手にメシゲ、左手には椀を持って立つ。共に風化が強く顔の表情などは不明。高さ90cmの石に、共に50cmの像が浮き彫りされている。

【文久2年（1862年）、像高90cm、彩色なし】

写真7　いちき串木野市上名の田の神

12. いちき串木野市生野福薗の田の神（写真8）

　左の女神は髪を束ね、広袖の和服姿、右手に手振り錫杖を持って立つ。左手は欠損している。右の男神は顎紐のあるシキを頭巾状に被り、長袖の上衣に裁着け袴姿で、右手にメシゲ、左手に椀を持って立つ。共に風化が強く顔の表情などは不明である。高さ107cmの石に、浮き彫りされている。

【文久2年（1862年）、像高107cm、彩色なし】

写真8　いちき串木野市生野福薗の田の神

13. いちき串木野市生野下石野の田の神（写真9）

　左の女神は髪を束ねて、広袖の和服姿で右手に手振り錫杖を持って立つ。左手

写真9　いちき串木野市生野下石野の田の神

の持ち物は不明。右の男神は顎紐のある大きなシキを頭巾状に被り、長袖の上衣に裁着け袴姿、右手にメシゲ、左手には椀を持って立ち、足を覗かせている。共に風化が強く顔の表情などは不明。高さ100cmの石に、像が浮き彫りさ

れている。

【文久2年（1862年）、像高100cm、彩色なし】

14. いちき串木野市上名麓竹之下の田の神

　左の女神は髪を束ねて、長袖の上衣に袴姿、右手に手振り錫杖を持って立つ。左手は不明。右の男神は顎紐のある笠を被り、長袖の上衣に長袴姿、右手にメシゲ、左手には椀を持って立つ。高さ72cmの石に、像が浮き彫りされている。

【文久2年（1862年）、像高72cm、彩色なし】

15. いちき串木野市羽島土川の田の神（写真10）

　風化が強いが、左の女神は髪を束ねて和服姿で、右手にメシゲ、左手にはスリコギを持って立つ。右の男神は冠を被った神像型立像で、持ち物は不明である。共に風化が強く顔の表情は不明。高さ58cmの石に、像高30cmと28cmの石像が浮き彫りされている。

写真10　いちき串木野市羽島土川の田の神

【明治38年（1905年）、像高58cm、彩色なし】

16. いちき串木野市土川小字垣内の田の神

　左の女神は髪を束ねて、広袖の上衣に袴姿で、右の男神も同様に、髪を束ねて、広袖の上衣に袴姿で立っている。高さ34cmの石に石像が浮き彫りされている。

【明治38年（1905年）、像高34cm、彩色なし】

17. 薩摩川内市網津の田の神（写真11）

　左の女神は帽子状にシキを被り、広袖の着物姿で、両手でキネを持って立つ。右の男神は陣笠を被り、広袖の着物姿、右手にメシゲ、左手にはおにぎりを持って立つ。高さ73cmの自然石に像高55cmと54cmの石像が浮き彫りされている。

写真11　薩摩川内市網津の田の神

江畑重助の作といわれている。

【大正3年（1914年）、像高73cm、彩色なし】

18．薩摩川内市港町江之口の田の神

左の神はシキを被り、右手にメシゲ、左手はおにぎりを持って立つ。右の神は帽子を被り、両手でキネを持って立つ。共に着物姿で、高さ113cmの石に、浮き彫りされている。

【大正10年（1921年）、像高113cm、彩色なし】

19．薩摩川内市水引町浜田下の田の神（写真12）

左の神は帽子状にシキを被り、広袖の着物姿で、右手におにぎり、左手はスリコギを持って立つ。右の神は分厚いシキを被り、広袖の着物姿、両手でメシゲを持って立つ。両神とも風化が強く顔の表情や衣などは不明である。江畑重助作

写真12　薩摩川内市水引町浜田下の田の神

写真13　いちき串木野市薩摩山の田の神

で、高さ65cmの石に像高47cmと49cmの石像が浮き彫りされている。

【大正13年（1924年）、像高65cm、彩色なし】

20．いちき串木野市薩摩山の田の神（写真13）

左の女神はシキを被り、広袖の着物姿で右手に手振り錫杖を持って立つ。左手の持ち物は欠けて不明。右の男神はシキの上に顎紐のある陣笠を被り、広袖の上衣に長袴姿で右手にメシゲ、左手には椀を持って立つ。両神とも顔立ちがはっきりしており、笑みを浮かべている。高さ50cmの自然石に、25cmと28cmの像が浮き彫りされている。

【大正13年（1924年）、像高50cm、彩色なし】

21．薩摩川内市湯島町湯ノ浦上（湯宝寺付近）の田の神（写真14）

左の女神は帽子状にシキを被り、長袖の着物姿、右手にメシゲ、左手にはお

にぎりを持って立つ。右の男神は烏帽子
を被り、長袖の着物姿、両手でキネを
持って立つ。江畑重助の作で、86cmの
自然石に41cmと42cmの像が刻まれてい
る

【大正14年（1925年）、像高86cm、彩
色なし】

22. 薩摩川内市水引町月屋の田の神（写真15）

　左の女神は帽子状にシキを被り、広袖
の着物姿、両手でメシゲを持って立つ。右の男神
は烏帽子を被り、長袖の着物姿、両手でキネを
持って立つ。高さ73cmの自然石に29cmと33cm
の石像が浮き彫りされている。江畑重助作といわ
れている。

【大正15年（1926年）、像高73cm、彩色なし】

23. 薩摩川内市湯島町湯浦下（湯島公園付近）の田の神

　江畑重助作で、高さ74cmの石に男女像が浮き
彫りされているが、風化が強く顔の表情、衣、持
ち物などは不明。かつては月屋山山頂にあったと
か。

【大正15年（1926年）、像高74cm、彩色なし】

24. 薩摩川内市湯島町十文字2545の田の神

　高さ116cmの石に、中国風の男女像の立像が線刻されていたという。

【昭和10年（1935年）、像高116cm、彩色なし】

（2）一石双体丸彫り型男女像

　この石像も道祖神的男女並立型の影響を受けている。大石を刻んで、二体を
並べて彫り起こすという苦心の程を思わせる律義な作品である。薩摩川内市

写真14　薩摩川内市湯島町湯ノ浦上
（湯宝寺付近）の田の神

写真15　薩摩川内市水引町
月屋の田の神

網津町井上の田の神といちき串木野市上
袴田の石像の2体だけである。

1. 薩摩川内市網津町井上の田の神（写真16）

　右側の男神は頭部が完全に欠損してい
る。長袖の上衣と腰板のある長袴姿で、
右手にスリコギ、左手にはメシゲを持っ
て裸足で立っている。左側の女神はシキ
を被り、長袖の着物姿で、両手でメシゲ
を持って裸足で立つ。風化が強く顔の表
情などは不明である。68cm×218cmの
台座に、像高55cmと86cmの二体単体丸
彫り像が並立している。

【天保11年（1840年）、像高55cm、
86cm、ベンガラ色の痕跡】

写真16　薩摩川内市網津町井上の田の
神

2. いちき串木野市上名袴田の田の神（写真17）

　左の女神はシキを被り、広袖の上衣に

写真17　いちき串木野市上名袴田の田
の神

袴姿、右手にメシゲ、左手には椀を持って立つ。右の男神は纓のある冠を被
り、広袖の上衣に袴姿、両手で笏を持って立つ。共に風化が強く顔の表情など
は不明である。140×56cmの台石に、共に像高56cmの石像が並んでいる。台
石前面に庄屋と門百姓数人の名が刻銘してある。古くからの田の神が盗まれ
て、文久2年（1862年）に新しい田の神を、当時流行の男女並立型で作製した
ものと考えられる。

【文久2年（1862年）、像高56cm、彩色なし】

【V】　入来地方石碑型

　入来地方石碑型は、大きな自然石をくり貫いてその中に種々の持ち物を持っ

た僧型立像が祀られている。非常にユニークな型の田の神である。その基本的な石像の形は、帽子状にシキを被り、長袖の上衣に脚絆を巻いた裁着け袴姿で、右手にメシゲを立てて持ち、左手には扇子を持つ立像である。しかし中にはシキがなかったり、両手でメシゲを持ったり、持ち物が異なる石像もある。

　入来地方で、どうしてこのような特異な田の神石像が作られ始めたのか興味深い。前述の道祖神では、単体のものと双体のものが存在することを紹介したが、入来地方石碑型でも、少なからず単体道祖神の影響をうけているのではないかと思われる。何故なら一石双体浮き彫り型男女像の中で、入来地方石碑型と全く同様な石像を確認できるからである。

　先に述べた道祖神的並立型の（1）2.　薩摩川内市宮内町2003-1の田の神と（1）6.　薩摩川内市陽成町中麦妙徳寺の田の神では、右手にメシゲを立てて持つ入来地方石碑型に特徴的な姿態がみられる。一石双体男女浮き彫り像の影響を受けて、単体の道祖神を想起させる入来地方石碑型が作製されたのではないかと思われる。

　作製年代が判明している石像は11体で、年代不詳の3体と合わせると計14体の石像を確認することができている。すべてが薩摩川内市入来町に存在している。最も古いのが、入来町浦之名栗下の田の神であり、明和6年（1769年）の作である。

1.　薩摩川内市入来町浦之名栗下の田の神（写真1-A, 1-B）

　帽子状にシキを被り、長袖の上衣に脚絆を巻いた裁着け袴姿で、右手はメシゲを立てて持ち、左手には閉じた扇子を持って立つ。古くて堂々とした風格がある。高さ125cmの自然石の舟型石に、像高56cmの石像が浮き彫りされている。顔・胸・両手は白、シキと衣は黒で赤い縁取りがある。非常に鮮やかで、見る人の目を惹きつける。4段の台石の上に祀られている。
【明和6年（1769年）、像高125cm、彩色あり】

2.　薩摩川内市入来町浦之名鹿子田の田の神（写真2）

　帽子状にシキを被り、長袖の上衣に脚絆を巻いて縦縞のある裁着け袴を着て、右手はメシゲを立てて持ち、左手は椀を持って立っている。高さ110cmの舟形石に、像高58cmの石像が浮き彫りされている。

【明和8年（1771年）、像高110cm、ベンガラ色の痕跡】

3. 薩摩川内市入来町浦之名平木場の田の神（写真3）

　帽子状にシキを被り、長袖の上衣に脚絆を巻いた裁着け袴姿で、右手にメシゲを立てて持ち、左手には閉じた扇子を持って立つ。高さ73cmの舟型石に、35cmの石像が浮き彫りされている。大きな台石の上に祀られている。

【寛政7年（1795年）、像高73cm、ベンガラ色の痕跡】

4. 薩摩川内市入来町浦之名小豆迫の田の神（写真4）

　帽子状にシキを被り、風化が強く顔の表情などは不明である。長袖の上衣に脚絆を巻いた裁着け袴姿で、両手でメシゲを持って立つ。桜の木の下に、六地蔵などと並ぶ。高さ76cmの自然石に、像高37cmの石像が浮き彫りされている。

【寛政9年（1797年）、像高76cm、彩色なし】

5. 薩摩川内市入来町浦之名松下田の田の神（写真5）

　風化が強く顔の表情などは不明である。頭を丸めて長袖の上衣に脚絆を巻いた裁着け袴姿で、右手にメシゲを立てて持ち、左手は一部破損しているが閉じた扇子を持って立つ。崖の測定不能な大きな石に、像高35cmの石像が浮き彫りされている。

【文化4年（1807年）、像高35cm、ベンガラ色の痕跡】

写真1－Ａ　薩摩川内市入来町浦之名栗下の田の神　　写真1－Ｂ　薩摩川内市入来町浦之名栗下の田の神　　写真2　薩摩川内市入来町浦之名鹿子田の田の神

写真3　薩摩川内市入来町浦
之名平木場の田の神

写真4　薩摩川内市入来町浦
之名小豆迫の田の神

写真5　薩摩川内市入来町浦
之名松下田の田の神

6. 薩摩川内市入来町浦之名市野々の田の神1（写真6）

　帽子状にシキを被り、風化が強く顔の表情などは不明である。長袖の上衣に脚絆を巻いた裁着け袴姿で、右手はメシゲを立てて持ち、左手は腰紐を掴んで立つ。右足の方が少し長い。道路沿い石垣に、高さ108cmの自然石に、40cmの石像が浮き彫りされている。

【文化5年（1808年）、像高108cm、彩色なし】

7. 薩摩川内市入来町浦之名市野々の田の神3（写真7）

　帽子状にシキを被り、風化が強く顔の表情などは不明である。長袖の上衣に脚絆を巻いた裁着け袴姿で、右手はメシゲを立てて持ち、左手は腰紐を掴んで立つ。高さ55cmの自然石に、40cmの石像が浮き彫りされている。

【文化5年（1808年）、像高55cm、ベンガラ色の痕跡】

8. 薩摩川内市入来町浦之名堂園の田の神（写真8）

　異様に大きなシキを被り、広袖の上衣に脚絆を巻き縦縞の入った裁着け袴姿で、右手はメシゲを立てて持ち、左手は閉じた扇子を持って立ち、足の指が覗いている。面長顔で、目・鼻・口がはっきりしている。高さ112cmの自然石に72cmの石像が浮き彫りされている。

【天保7年（1836年）、像高112cm、彩色なし】

9. 薩摩川内市入来町副田猪鼻左の田の神（写真9）

写真6　薩摩川内市入来町浦
之名市野々の田の神1

写真7　薩摩川内市入来町浦
之名市野々の田の神3

写真8　薩摩川内市入来町浦
之名堂園の田の神

　帽子状にシキを被り、風化が強く顔の表情などは不明である。長袖の上衣に
脚絆を巻いた裁着け袴姿で、右手にメシゲを立てて持ち、左手は閉じた扇子
を持って裸足で立つ。高さ130cmの自然石に45cmの石像が浮き彫りされてい
る。

【嘉永元年（1848年）、像高120cm、ベンガラ色の痕跡】

10. 薩摩川内市入来町浦之名中須の田の神（写真10）

　帽子状にシキを被り、風化が強く顔の表情などは不明である。長袖の上衣
に脚絆を巻いた裁着け袴姿で、右手はメシゲを立てて持ち、左手はスリコギ
を持って立つ。高さ110cmの自然石に、像高57cmの石像が浮き彫りされてい
る。

【明治2年（1869年）、像高110cm、ベンガラ色の痕跡】

11. 薩摩川内市入来町浦之名市野々の田の神（写真11）

　帽子状にシキを被り、目を閉じて穏やかな表情。長袖の上衣に脚絆を巻き縦
縞の裁着け袴姿で、右手はメシゲを立てて持ち、左手は腰紐を掴んで立つ。高
さ94cmの自然石に、43cmの石像が浮き彫りされている。

【大正8年（1919年）、像高94cm、彩色なし】

写真9　薩摩川内市入来町副
田猪鼻左の田の神

写真10　薩摩川内市入来町
浦之名中須の田の神

写真11　薩摩川内市入来町
浦之名市野々の田の神

【Ⅵ】大黒天型

　ヒンズー教のシヴァ大神の化身であるマハーカーラは、インド密教に取り入れられ、密教の伝来とともに日本に伝わっている。マハーは「大」もしくは「偉大」を指し、カーラは「黒（暗黒）」を意味するために大黒天と称されている。その名の通り、青黒い神体に憤怒相をした護法善神である。日本では一般的に新田神社の大黒天像に代表されるように、神道の大国主と神仏習合した日本独自の神を指すことが多い。

　作製年代の判明した石像は7体で、年代不詳のものが12体あり合わせて19体の大黒天型が存在している。中で最も古いのは、東諸県郡国富町大字森永の田の神で、文政10年（1827年）と比較的新しいものである。数は多くはないが、広い地域で散見されてその姿・格好もバラエティーに富んでいる。

1.　東諸県郡国富町大字森永の田の神（写真1）

　大きな耳に烏帽子を被り、風化が強く顔の表情などは不明である。長袖の上衣に袴姿で両手を膝上に置き、二俵の米俵の上に座る。自然石に浮き彫りで、大きな祠に祀られている。

【文政10年（1827年）、像高68cm、彩色なし】

2. 小林市野尻町東麓吉村の田の神（写真2）

　頭に頭巾風なものを被り、長袖の和服姿。両肩に二本のメシゲを担ぎ、両手は輪組で数珠を持って座る。風化が強く顔の表情などは不明である。大きな祠に祀られているが、大黒天型の田の神と思われる。

【天保13年（1842年）、像高86cm、彩色なし】

3. 伊佐市南浦本城宇都の田の神（写真3）

　一部欠けた笠状のシキを被り、長袖の上衣に袴姿で米俵の上に座り、右手にメシゲ、左手には椀と小槌を持つ。背中に袋を担ぐ珍しい石像である。風化が強く顔の表情などは不明である。顔以外薄朱色である。木製の大きな祠に祀られている。

【天保14年（1843年）、像高32cm、彩色あり】

4. 薩摩川内市楠元町の田の神（写真4）

　前面に飾りのついた笠状の帽子を被り、広袖が垂れて肋骨線の彫られた上衣に野袴風のものをはき、右手にメシゲ、左手は小槌を持って、二俵の米俵の上に立つ。着物は赤色、帽子や持ち物そして腰紐は黒色。高さ190cmの自然石に、像高116cmの石像が浮き彫りされている。目・鼻・口がはっきりしており、四天王を模した大黒天像の田の神である。ベンガラ色と白・黒で鮮やかに

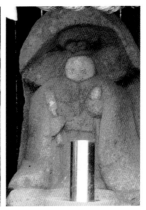

写真1　東諸県郡国富町大字
森永の田の神

写真2　小林市野尻町東麓吉
村の田の神

写真3　伊佐市南浦本城宇都
の田の神

彩色されて、極めて人目を引く装いである。

【万延元年（1860年）、像高190cm、彩色あり】

5. 南九州市川辺町高田城下の田の神（写真5）

　帽子を被り長袖の上衣に袴姿で、風化が強く顔の表情などは不明である。右手に小槌、左手には福袋を持って二俵の米俵の上に立つ。平成20年に盗難にあうが、新聞等で報道されて戻されている。

【明治25年（1892年）、像高36cm、彩色なし】

6. 伊佐市菱刈荒田の田の神（写真6）

　大きな耳に大きな笠状のシキを被り、広袖の上衣に長袴姿で、右手にメシゲ、左手に椀を持って立つ。風化が強く顔の表情などは不明であるが、堂々とした体格で大きな四角の台石の上で、足を覗かせている。

【明治27年（1894年）、像高103cm、彩色なし】

7. 都城市高城町有水上星原の田の神（写真7）

　頭部に平型頭巾を被り、目・鼻・口がはっきりして笑っているようでもあり、長袖の和服姿。右手にメシゲをもち左手は稲穂を肩に掛ける。顔とメシゲが白色で、農民型との混合型である。

【昭和8年（1933年）、像高40cm、彩色あり】

写真4　薩摩川内市楠元町の
　　　田の神

写真5　南九州市川辺町高田
　　　城下の田の神

写真6　伊佐市菱刈荒田の田
　　　の神

写真7　都城市高城町有水上
星原の田の神

B. 神像系

【Ⅰ】 神像型

　衣冠束帯または衣冠束帯的な服装をした神像型の田の神石像は、紫尾山系の山岳仏教から作製された仏像系とは異なり、宮崎県のえびの市や小林市で新燃岳の大噴火からの復興のシンボルとして作られたことはすでに紹介している。シキやメシゲのないこのタイプの石像では、立像、椅像、座像の違いで歴史的な意義が大きく異なる。これは重要なポイントである。

（1）神像型立像
　宮崎県小林市堂田の田の神を除いて、このタイプの石像は元文3年（1738年）から明和6年（1769年）頃に、薩摩半島のいちき串木野市や日置市の東市来町、薩摩川内市などで作られている。威厳のある顔つきで、衣冠束帯の姿をして両手で笏を持つ。

1. 小林市大字南西方堂田の田の神（写真1）
　烏帽子を被り袖広の狩衣と袴の衣冠束帯の装束で、両手を輪組みして立っている。首の部分と右肩がセメントで補修してある。庚申塔と共に整備された際に、台座に浮き彫りされていたボタンやゲンゲの格調高い彫刻はほとんどセメントで固められ、足元は埋め込まれている。地蔵型と錯覚をするほどの大変珍しい立派な石像である。顔は白く、衣はベンガラ色で彩色されている。
　小林市のガイドボランティアの前田宗佐氏の情報によると、この像は昭和42年頃に突然頭部だけが壊され、現在の神像型頭部はその後に取り付けられたもので、元の頭部は僧型だった。このような経過が事実とすれば、純粋に神像型とすることは無理があるかもしれない。
【享保7年（1722年）、像高142cm、彩色あり】

2. いちき串木野市生野下石野①の田の神（写真2）

　後方に短い纓をつけた冠を被り、目・鼻・口がはっきりとして穏やかな表情である。袍と袴の衣冠束帯の装束で立ち、沓を履いて両足を覗かせている。胸のあたりに両手で笏を立てて持つが、胴体には亀裂がある。家の人の話では、祖父の代から大切に祀ってきたとのこと。平成10年頃に、耕地整理で現在の個人宅に移設されている。

【元文3年（1738年）、像高50cm、彩色なし】

3. 日置市東市来町萩の田の神（写真3）

　纓のついた冠を被り、袍と袴の衣冠束帯の装束、両手で笏を持ち、沓を履いて両足を覗かせて立っている。風化が強く顔の表情などは不明。首はセメント付けされている。県の有形民俗文化財の候補にもなった。

【元文4年（1739年）、像高82cm、彩色なし】

4. いちき串木野市河原の田の神（写真4）

　後方に纓を長く垂らして顎鬚を伸ばし、威厳のある格好で立っている。風化が強く顔の表情などは不明である。袍と袴の衣冠束帯の装束で、胸のところに両手で笏を当て、両足を覗かせている。理由は分からないが、顔のみが白く塗られている。

【延享4年（1747年）、像高70cm、顔のみ白く塗られる】

写真1　小林市大字南西方堂田の田の神

写真2　いちき串木野市生野下石野①の田の神

写真3　日置市東市来町萩の田の神

5. いちき串木野市生福坂下の田の神（写真5－A，5－B）

　後方に纓を長く垂らして顎鬚を伸ばし、威厳のある格好の立像である。風化が強く顔の表情などは不明。袍と袴の衣冠束帯の装束で、胸のところに両手で笏を当てて持つが、崖上のために正面からは近寄れず、両足の確認はできていない。

【延享4年（1747年）、像高85cm、彩色なし】

6. 東市来町養母鉾之原の田の神（写真6）

　後方に纓を短く垂らして顎鬚を伸ばし、威厳のある格好で立っている。眉・目・口の跡は残るも風化が強く、顔の表情などは不明である。袍と袴の衣冠束帯の装束で、胸のところに両手で笏を当て、沓を履いて両足を覗かせて立っている。

【寛延2年（1749年）、像高92cm、彩色なし】

7. 薩摩川内市尾白江町尾白江中央の田の神

　冠を被り風化が強く顔の表情などは不明である。袍と袴の衣冠束帯風の装束で、胸のところに両手で笏を持って立つ。首は地震で折れてセメント付けされている。個人宅の庭に祀られている。

【寛延3年（1750年）、像高75cm、彩色なし】

8. 姶良市西餅田建昌の田の神（写真7－A，7－B）

写真4　いちき串木野市河原の田の神

写真5－A　いちき串木野市生福坂下の田の神

写真5－B　いちき串木野市生福坂下の田の神

写真6　東市来町養母鉾之原
の田の神

写真7-A　姶良市西餅田建
昌の田の神

写真7-B　姶良市西餅田建
昌の田の神

　纓のついた冠様帽子を被り、袍と前を紐で結んだ長袴の束帯的姿で両手を前で組んで立つ。顔は風化が強く表情などは不明である。廃仏毀釈のせいか首はセメントで継がれている。

【宝暦11年（1761年）、像高86cm、彩色なし】

9.　日置市東市来町養母元養母の田の神（写真8-A，8-B）

　頭には纓を長く垂れた冠をつけ、袖が地に届くほどの袍と袴の衣冠束帯の装束で、沓を履いた両足を覗かせた立派な立像である。頭部は風化が強く、眉の吊り上った憤怒相で、顎鬚も少々蓄えた威厳のある格好である。胸のところに両手で笏を立てて持ち、背後は裾らしいものが長く垂れて、台石まで着いている。県の有形民俗文化財に指定。

【明和6年（1769年）、像高95cm、彩色なし】

10.　薩摩川内市中郷歴史資料館の田の神（写真9）

　中国の道士風の冠を被り、広袖の上衣に襞のある長袴姿で立つ浮き彫り像である。目・鼻・口ははっきりして、穏やかな表情である。右手にメシゲを持ち左手は袖口を掴んで、裸足の両足を覗かせている。これまでの神像型立像の田の神とは、趣がかなり変わっている。

【文化2年（1805年）、像高88cm、衣はベンガラ色】

写真8-A 日置市東市来町
養母元養母の田の神

写真8-B 日置市東市来町
養母元養母の田の神

写真9 薩摩川内市中郷歴史
資料館の田の神

（2）神像型椅像

　神像型椅像は、霧島山系の小林市やえびの市などを中心に存在し、烏帽子や冠を被り穏やかな表情で、袍と袴の衣冠束帯風の姿でどっしりと腰掛けた石像である。

1. 小林市真方新田場の田の神（写真1-A，1-B）

　木製の祠に祀られている。烏帽子を被り広い袖の狩衣と袴（指貫）の衣冠束帯風の装束で、大きな花と葉の刻まれた台石の上に、どっしりと腰かけている。目・鼻・口がはっきりとして穏やかな表情である。両手は左右持ちの格好である。右手に持ち物はなく左手は欠損している。両足には麻沓を履いている。首の部分はセメントで補修されている。顔と手が肌色で、袍と袴は薄い紫色、烏帽子と沓は黒色に彩色され、町の有形民俗文化財に指定されている。霧島連山新燃岳の大噴火からの復興のシンボルとして、このようなどっしりした神像型椅像の石像が作製されたとされる。その中心は霧島山麓の小林市やえびの市であり、宮崎市の県総合博物館の民家園に、この石像のレプリカが展示してある。

【享保5年（1720年）、像高100cm、彩色あり】

2. 宮崎市高崎町前田谷川の田の神（写真2）

纓のない冠を被り、袍と袴の衣冠束帯の装束で、両側に振り広げた袖が跳ねている。右手は欠け左手は指で孔を作り、一段の大きな石の上に祀られている。黒い緻密な岩で作製され、石工は毛利七右衛門。谷川はかつて士族の集落であり、この石像は高崎郷全体の神であったとのこと。この石像のように、両手を離してそれぞれメシゲや椀を持つタイプのものは、両手を膝の上で組んでいるものと比較して、両手の持ち物が破損しやすいといわれており、次第に両手を輪組みした壊れにくいタイプへと変化していくようになる。

【享保9年（1724年）、像高85cm、彩色なし】

3. えびの市中島の田の神（写真3）

　頭部は改作で、本来の顔の表情や被り物などは不明である。狩衣に袴（指貫）の装束でどっしりと腰掛けているが、以前は烏帽子を被っていたものと思われる。両手は欠けているが、輪組みをしているようにみえる。顔は白色、衣は薄い紫色、毛利七右衛門の作である。えびの市では最も古い石像であるが、頭部の改作が悔やまれる。

写真1－A　小林市真方新田場の田の神

写真1－B　小林市真方新田場の田の神

写真2　宮崎市高崎町前田谷川の田の神

写真3　えびの市中島の田の神

【享保9年（1724年）、像高78cm、顔は白で衣は薄紫】

4. 西諸県郡高原町広原字井出の上の田の神（写真4）

　纓のない冠を被り、袍と袴の衣冠束帯の装束をしてどっしりと腰掛けている。顔の左に損傷があるが、目・鼻・口がはっきりとし

写真4　西諸県郡高原町広原字井出の上の田の神

写真5　えびの市内竪中内竪の田の神

て端正で気品のある表情である。両手を輪組みして、祀る時に笏を持たせる孔が作られている。石像の衣紋などの表現は、石の硬さのせいか直線的で写実性に欠けるが、逆に端正な顔と共に気品ある像になっている。王子神社境内に祀られている。

【享保9年（1724年）、像高85cm、彩色なし】

5. えびの市内竪中内竪の田の神（写真5）

　纓のない冠を被り、布衣と袴の衣冠束帯的な装束で、どっしりと腰掛けている。風化が強く顔の表情は明確ではないが、端正な表情である。両手は左右持ちで先は欠落している。着衣の線は単純ではあるが、厚さと膨らみがある。背後からみると、円形の台に腰かけた形になっている。黒い火成岩で粗い肌目の石を彫った重厚な像であり、市の有形民俗文化財である。

【享保10年（1725年）、像高78cm、彩色なし】

6. 都城市高崎町縄瀬三和菅原神社鳥居前の田の神

　廃仏毀釈の影響か、頭部は欠損し五輪塔のようなものが載せられている。広袖の袍と袴の衣冠束帯の装束をして、両手を輪組みするが孔はない。縄瀬村田の神という記銘から、この石像は、この地域の中心的存在の神像であったろうと思われる。

【享保11年（1726年）、像高100cm、彩色なし】

7. 都城市山田町中霧島田中の田の神（写真6）

　纓のない冠を被り、破損が強く顔の表情などは不明。袍と袴の衣冠束帯の装束で、膝の上に置いているが、両手は破損している。

【享保14年（1729年）、像高80cm、衣は薄赤で帯は黒】

8. 小林市野尻町三ケ野山菅原神社の田の神（写真7）

　神社境内に、2体の田の神石像が対座して祀られている。これは向かって右側の石像で、頭部は破損して被り物はなく、丸顔で風化が強く顔の表情などはよくは分からない。衣冠束帯風の装束で、両手は破損が強いが、左右持ちで膝の上に置いている。がっちりした体格で力士様、武神像の椅像である。青山幹雄先生は、対座した2体の石像は田の神が神像型になる原型ではないかと推測されている（『宮崎の田の神像』）。

【延享2年（1745年）、像高55cm、彩色なし】

9. 都城市高城町石山新地の田の神（写真8）

　高台の竹藪の中に、廃仏毀釈で頭部を欠損した神像型座像の石像と一緒に並んで祀られている。向かって右の石像がこれで、袍と袴の衣冠束帯風の姿をして、両手を輪組みして祭りのときに笏を挿す孔がある。高城町では最も古い石像である。頭部のないのが誠に残念である。

【宝暦元年（1751年）、像高47cm、彩色なし】

写真6　都城市山田町中霧島田中の田の神　　写真7　小林市野尻町三ケ野山菅原神社の田の神　　写真8　都城市高城町石山新地の田の神

10. 都城市高崎町江平炭床諏訪神社の田の神（写真9）

　纓のない冠を被り、目・鼻・口がはっきりとして穏やかな表情である。袍と袴の衣冠束帯風の装束で、手が一部欠損しているが、両手を輪組みするが孔はない。神社の鳥居横に祀られている。

【宝暦14年（1764年）、像高110cm、彩色なし】

11. 伊佐市菱刈町共進の田の神（写真10−A，10−B）

　纓のない冠を被り、目・鼻・口がはっきりと描かれており端正な表情である。袍と袴（指貫）の衣冠束帯風の装束で、どっしりと腰掛けている。袖元と背中に島津藩の模様が描かれている。両手を膝の上で受け手をしている。冠と目、眉は黒色、顔と手は肌色、衣はベンガラ色に彩色されている。非常に鮮やかである。

【昭和33年（1958年）、像高104cm、彩色あり】

12. 伊佐市菱刈田ノ口の田の神（写真11、『伊佐の田之神さあ』より複写）

　大きな福耳で目・鼻・口がはっきりとして、気品のある顔をしている。頭髪の上に冠を被り、中に単を着て袍と袴の衣冠束帯の装束で、両手を膝の上に置いて腰掛けている。背中にメシゲを持つ。神像型では背中の持ち物はほとんどないので、大変ユニークな石像である。持ち回りの田の神であったが、現在は田の神講もなくなり公民館内に安置されている。自治会所有とのことで、冠は

写真9　都城市高崎町江平炭床諏訪神社の田の神　　写真10−A　伊佐市菱刈町共進の田の神　　写真10−B　伊佐市菱刈町共進の田の神

茶色、顔と手は肌色、袍は群青色、袴は青色に彩色されている。

【昭和54年（1979年）、像高34cm、彩色あり】

写真11　伊佐市菱刈田ノ口の田の神
（『伊佐の田之神さあ』より複写）

（3）神像型座像

　立像や椅像に比べると、地域的な特徴などは少ないが、鹿児島県と宮崎県の多くの地域で作製されている。しかも、このタイプの石像は最近の平成時代でも作製されており、田の神信仰が現在でも継承されている。

1.　姶良市西餅田楠元の田の神（写真1）

　烏帽子を被り顎鬚があり、威厳のある顔つきである。狩衣を着て両手で笏を持ち胡座する像が浮き彫りされている。顔の右側と鼻の部分が損傷しているが、この神は山の神とされている。冬になると山に戻って山の神になり、春になると降りてきて田の神になって水田を見守っていくという伝説があり、近くの水田に同じ年代作の地蔵型の神が、田の神として祀られている（A．仏像系（2）地蔵型1．で紹介）。

【正徳2年（1712年）、像高53cm、彩色なし】

2.　伊佐市大口里の田の神

　被り物はない。風化が強く、顔の表情や持ち物などは不明の座像である。自治会所有であるが、市の有形民俗文化財に指定されている。

【享保6年（1721年）、像高60cm、彩色なし】

3.　伊佐市大口下原田の田の神

資料によると烏帽子を被り、胸に宝珠が描かれた狩衣姿で、目・鼻・口が
はっきりと描かれており端正な顔つきである。両手は膝の上で、右手にメシゲ
を持つが左手は持ち物はなし。木製で背中に「〇に田」の模様があり、胡座し
て座っている。持ち回りの田の神であるが、以前におっとられたとか。市の有
形民俗文化財に指定されている。䑓田助左衛門の作と紹介されている。

【享保6年（1721年）、像高34cm、烏帽子と衣は紫色】

4.　小林市細野南島田の田の神（写真2）

　屋根瓦の木製の祠に祀られている。烏帽子を被り狩衣姿の座像で、面長顔で
目・鼻・口が白い顔に端正に描かれており、両手を突き出した珍しい恰好をし
ている。烏帽子と眉は黒で、袍と袴はベンガラ色に彩色されている

【享保7年（1722年）、像高76cm、彩色あり】

5.　小林市細野加治屋堂ノ本の田の神（写真3）

　纓のついた冠を被り、袍と袴の衣冠束帯で両手を輪組みして孔がある。祠に
安置されているために風化はあまり進んでいない。目・鼻・口が白い顔にくっ
きりと描かれており、端正な表情である。袍はベンガラ色で冠は黒色に彩色さ
れている。

【享保10年（1725年）より以前、像高71cm、彩色あり】

6.　小林市南西方大出水の田の神（写真4）

写真1　姶良市西餅田楠元の
田の神

写真2　小林市細野南島田の
田の神

写真3　小林市細野加治屋堂
ノ本の田の神

頭部は改作で首がセメント補修されている。以前の顔や被り物は不明である。現在の頭部は見るからに怖い表情の仁王様である。袍と袴の衣冠束帯風の装束で、両手を膝の上に置いてどっしりと座る。

【享保10年（1725年）、像高92cm、彩色なし】

7．小林市細野桧坂の田の神（写真5）

　纓のついた冠を被る。風化が強く顔の表情などは不明である。袍と袴の衣冠束帯風の装束で、両手で笏を持って座る。冠は黒で、袍と袴は海老茶色、白のストライプが入れてある。

【享保10年（1725年）、像高80cm、彩色あり】

8．小林市南西方今別府の田の神（写真6）

　石祠の中に祀られており、纓のついた冠を被り、袍と袴の衣冠束帯風の装束で、両手を輪組みして孔がある。どっしりと座り風格のある像であるが、風化が強く顔の表情などは不明。鼻と輪組みの部分はセメント補修されている。

【享保16年（1731年）、像高64cm、衣は薄い朱色】

9．小林市野尻町東麓高都萬神社の田の神（写真7）

　冠を被り、角張った衣冠束帯風の装束で、両手を輪組みして孔がある。冠など風化が強く顔の表情や冠の纓なども不明で、膝から下が省略された座像のために、袴か指貫かは不明である。後の野尻神像型の原型になる大変貴重な石像

写真4　小林市南西方大出水の田の神

写真5　小林市細野桧坂の田の神

写真6　小林市南西方今別府の田の神

である。

【享保18年（1733年）、像高75cm、彩色なし】

10.　霧島市牧園町時松堅神社の田の神（写真8）

　大きな木の根っこに祀られており、風化して顔の破損が強く表情など不明
で、縷の有無も不明である。袍と袴の衣冠束帯風の装束で、両手を膝の上に置
いて座る。牧園町では最も古い石像で、市の有形民俗文化財に指定されてい
る。

【享保20年（1735年）、像高44cm、彩色なし】

11.　伊佐市大口青木の田の神

　風化と破損が強く、頭部や衣なども不明で持ち物はなし。何となく衣冠束帯
風の像型である。個人宅のもの。

【元文元年（1736年）、像高51cm、彩色なし】

12.　宮崎市高岡町五町柚木崎の田の神（写真9）

　烏帽子を被り狩衣姿、両手を輪組みして孔がある。風化が強く地衣もついて
顔の表情など不明である。袍の袖が跳ね上げられて角張るが、どっしりと座っ
ている。

【元文2年（1737年）、像高105cm、彩色なし】

13.　宮崎市高岡町五町唐崎の田の神（写真10）

写真7　小林市野尻町東麓高　写真8　霧島市牧園町時松堅　写真9　宮崎市高岡町五町柚
都萬神社の田の神　　　　　神社の田の神　　　　　　　木崎の田の神

風化と破損、地衣の付着が強いが、烏帽子を被り狩衣姿と思われる。両手を輪組みして孔があり、袍の袖は跳ね上げで角張る。角石台の上に座る。

【元文2年（1737年）、像高90cm、彩色なし】

14. 霧島市国分松木小鳥神社（右側）の田の神

　首から上がなく、両手先は欠損しているが、膝の上に置く。袍と袴装束の座像で、三段の角石台の上に座る。

【元文4年（1739年）、像高30cm、彩色なし】

15. 姶良市加治木町反土田中（右側）の田の神

　風化が強いが、冠を被り、目・鼻・口は読み取れて穏やかな表情である。衣冠束帯風の装束で座り、両手を膝の上に置いている。首はセメント補修されている。

【寛保元年（1741年）、像高55cm、彩色なし】

16. 姶良市加治木町菖蒲谷（中央）の田の神（写真11－A，11－B）

　頭部が欠損し、衣冠束帯の姿で、両手を輪組みするが、孔はない。

【寛保元年（1741年）、像高37cm、彩色なし】

17. 都城市上水流町の田の神（写真12）

　上半身のみの石像で、冠を被り衣冠束帯、両手を合わせている。首は後ろからセメント補修されている。

写真10　宮崎市高岡町五町　唐崎の田の神

写真11－A　姶良市加治木町　菖蒲谷（中央）の田の神

写真11－B　姶良市加治木町　菖蒲谷（中央）の田の神

【宝暦元年（1751年）、像高55cm、彩色なし】

18. 曽於市大隅町須田木下須田木（右側）の田の神

　頭部は丸石で代用され、袍と袴の衣冠束帯で右手には孔がある。頭部の改作が残念だが、どっしりと座っている。

【宝暦4年（1754年）、像高50cm、彩色なし】

19. 霧島市牧園町持松笹之段の田の神

　立派な石祠の中に祀られている。頭部は改作である。風化は強いが、袍と袴の衣冠束帯風の装束で、両足は胡座してどっしりとした石像である。両手を膝の上に置いている。頭部の改作が非常に残念である。

【宝暦7年（1757年）、像高53cm、彩色なし】

20. 鹿児島市喜入前之浜町鈴の田の神

　理由は不明であるが頭部は欠損し、袍と袴の衣冠束帯。両手を輪組みしているが孔はなく、膝の上に置いて座る。一次与右衛門などが建立したと伝えられる。

【宝暦8年（1758年）、像高43cm、彩色なし】

21. 都城市高崎町大牟田牟礼水流の田の神

　烏帽子と狩衣の衣冠束帯風の装束で、風化は強いが穏やかな表情である。両手を輪組みして孔があり、後方からはかなり角張った格好である。

【宝暦11年（1761年）、像高88cm、彩色なし】

22. 姶良市加治木町仮屋敷郷土館庭（右側）の田の神

　顎鬚を蓄え、長い纓を垂らした冠を被り、袍と袴の衣冠束帯風の装束。両手を膝の上に置いて胡座している。風化が強く顔の表情などは不明である。

【宝暦12年（1762年）、像高49cm、彩色なし】

23. 霧島市国分上之段（左側）の田の神（写真13）

　纓のある冠を被る。風化が強く顔の表情など不明である。袍と袴の衣冠束帯風の装束をして、両手で笏を持って座る。首はセメント補修されている。

【宝暦13年（1763年）、像高66cm、彩色なし】

24. 姶良市上名内山田公民館内の田の神

　烏帽子を被り衣冠束帯の直衣姿で、両手は胡座を組んだ膝の上に置く。以前は持ち回りで現在は公民館内に安置されている。顔は白色で他は茶色。

写真12　都城市上水流町の　写真13　霧島市国分上之段　写真14　伊佐市大口山野之
田の神　　　　　　　　（左側）の田の神　　　　馬場の田の神

【明和2年（1765年）、像高48cm、彩色あり】

25.　伊佐市大口山野之馬場の田の神（写真14）

　屋根瓦のある木製の祠に祀られている。風化が強く顔の表情などは不明である。袍と袴の衣冠束帯風の装束で、右手は輪を作り左手は団子を持って座る。市の有形民俗文化財に指定されている。

【明和3年（1766年）、像高50cm、彩色なし】

26.　姶良市加治木町木田隈媛神社前の田の神（写真15－A，15－B）

　仏像的な表情で鼻が少し損傷している。長い纓を垂らした冠を被り、袍と袴の衣冠束帯姿の座像である。両袖が左右に跳ねあがっており、両手を合わせて孔がある。地元で採取できる桃木の硬質で緻密な凝灰岩を使用している。県の有形民俗文化財に指定されている。

【明和4年（1767年）、像高65cm、彩色なし】

27.　霧島市隼人町小田の田の神

　衣冠束帯で両手を膝の上で組み、目を閉じて穏やかな表情である。残念であるが、家主が処分してしまったとのこと。

【明和6年（1769年）、像高57cm、彩色なし】

28.　姶良市平松山之口重富公園の田の神

　纓のある冠を被り、袍と袴の装束で両手を輪組みして孔がある。風化が強く

顔の表情などは不明である。

【明和9年（1772年）、像高50cm、彩色なし】

29. 姶良郡湧水町若松般若寺の田の神（写真16）

　黒色の長い纓を垂らした冠を被り、顔の表情もしっかりしており、鼻の先以外損傷はない。顔は白く塗ってある。袍と袴の衣冠束帯の座像で、合わせた両手に孔があり、そこに笏を差したと思われる。衣には角があり、稜線が直線的で足の横に垂れている。石質は硬く緻密な灰黒色で地衣が付着している。県の有形民俗文化財に指定されている。

【明和9年（1772年）、像高76cm、彩色あり】

30. 小林市真方字市谷の田の神（写真17）

　纓のついた冠を被り、袍と袴の衣冠束帯の装束で、両手を輪組みして孔がある。目・鼻・口が描かれており、静かで端正な表情である。顔は白く、冠と袍はベンガラ色に彩色してある。

【安永2年（1773年）、像高77cm、彩色あり】

31. 垂水市田神原田の田の神

　頭部は破損している。袍と袴の衣冠束帯風の装束で、両手は指がはっきりとして、輪組みして笏を持って座る（田の神番号3号）。

【安永5年（1776年）、像高45cm、彩色なし】

写真15−Ａ　姶良市加治木町木田隈媛神社前の田の神　　写真15−Ｂ　姶良市加治木町木田隈媛神社前の田の神　　写真16　姶良郡湧水町若松般若寺の田の神

32. 曽於市財部町北俣荒川内の田の神

　風化と破損が強く、廃仏毀釈によるのか頭と右手は欠落している。袍と袴の衣冠束帯風の装束。左手は何かを持っているが詳細は不明である。

【安永9年（1780年）、像高40cm、彩色なし】

33. 姶良市加治木町小山田迫の田の神（写真18－A，18－B）

　纓のついた冠を背に長く垂らして被り、袍と袴の衣冠束帯風の装束。右手は笏を持つが一部欠けており、左手は掌を開いて左膝の上に置いている。顔は面長で半目を閉じた静かな表情。左足先を上に出して安座している。

【安永10年（1781年）、像高57cm、彩色なし】

34. 小林市細野内田の田の神（写真19）

　纓のついた冠を被り、袍と袴の衣冠束帯の装束で、両手で笏を持って座る。風化が強く、顔などもセメント補修されている。顔が真っ白、表情が面白く、冠と袍など衣は黒色に彩色されている。

【安永年間（1772～1781年）、像高100cm、彩色あり】

35. 伊佐市菱刈南浦本城南方神社の田の神（写真20）

　纓のない冠を被り、衣冠束帯で、両手を輪組みしているが孔はない。風化が強く顔の表情などは不明である。袍の袖は張り出している。市の有形民俗文化財に指定されている。

写真17　小林市真方字市谷の田の神　　写真18－A　姶良市加治木町小山田迫の田の神　　写真18－B　姶良市加治木町小山田迫の田の神

【天明元年（1781年）、像高101cm、彩色なし】

36. えびの市水流菅原神社境内の田の神（写真21）

　纓のついた冠を被り、衣冠束帯で両手を輪組みして孔がある。風化が強く顔の表情など不明である。袍と袴の一部はベンガラ色が残る。鋸で顔面、左肩、冠に切り傷があるが、いつ誰に何のために傷つけられたのかは不明である。

【天明6年（1786年）、像高68cm、彩色あり】

37. 都城市高城町有水岩屋野の田の神

　纓のない冠を被る。風化が強く顔の表情などは不明。袍と袴の衣冠束帯の装束で、両手を輪組みして孔がある。竹藪の中にひっそりと祀られている。

【天明7年（1787年）、像高63cm、ベンガラ色の痕跡】

38. 霧島市福山町福地古中渡の田の神

　頭部は改作で丸石が載せてある。袍と袴の衣冠束帯風の装束で、両手を輪組みしているが孔はない。風化が強く容姿は不明。

【天明時代（1781〜1788年）、像高43cm、彩色なし】

39. 伊佐市大口里の田の神

　廃仏毀釈のせいか頭部や両手が欠損しており、昭和61年に現在地に移設・安置されている。恐らく袍と袴の衣冠束帯風の装束で、両手を膝の上に置く。

【寛政元年（1789年）、像高46cm、彩色なし】

写真19　小林市細野内田の田の神

写真20　伊佐市菱刈南浦本城南方神社の田の神

写真21　えびの市水流菅原神社境内の田の神

40. 伊佐市大口下殿包ノ原の田の神

　風化が著しく、原型をとどめていない。頭部や衣などは不明で持ち物はなし。何となく衣冠束帯の格好をとどめるに至っている。以前は持ち回りで、現在は公民館に安置されている。

【寛政元年（1789年）、像高54cm、彩色なし】

41. 霧島市福山町佳例川比曽木野地区大屋敷の田の神

　頭部と両手が欠損し、衣冠束帯の装束をして、両手で笏を持った痕跡がある。頭部は後ろから新しいものを載せてある。宮崎県からもってきたらしい。

【寛政12年（1800年）、像高63cm、彩色なし】

42. 都城市高崎町縄瀬横谷の田の神

　頭部は改作でユニークな顔つきのものが載せてある。袍と袴の衣冠束帯の装束で、両手を輪組みして孔がある。

【文化6年（1809年）、像高75cm、彩色なし】

43. 伊佐市大口宮人大住の田の神

　纓のついた冠を被り、衣冠束帯の装束をして、右手は輪をつくり左手には団子を持って座る。個人宅の石像である。

【文化7年（1810年）、像高29cm、彩色なし】

44. 伊佐市大口里中古川の田の神

　木製で衣冠束帯の装束をして、両手は膝の上、持ちものはない。冠は黒で顔は茶色。

【文化13年（1816年）、像高16cm、彩色あり】

45. えびの市浦上浦の田の神（写真22）

　烏帽子に狩衣の衣冠束帯風の装束で、両手を輪組みして笏を持って座る。耳が大きく、目・鼻・口がはっきりとして端正な顔つきである。顔と手は白、冠・袍・袴は黒色に彩色されている。石祠の中に大切に祀られている。

【文政2年（1819年）、像高40cm、彩色あり】

46. 都城市高城町桜木横手の田の神（写真23）

　纓のない冠を被り、端正な顔つきで、座像のために袴か指貫か判明しないが衣冠束帯の装束である。両手を組んで孔を作っており、お祭りなどの際に笏を差していたと思われる。顔と手は白、冠と中の単衣は黒、外の袍は鮮やかなべ

写真22　えびの市浦上浦の
　　　　田の神

写真23　都城市高城町桜木
　　　　横手の田の神

写真24　都城市山之口町飛
　　　　松の田の神

ンガラ色に彩色されている。菅原神社境内に祀られている。

【文政12年（1829年）、像高74cm、彩色あり】

47. 都城市山之口町飛松の田の神（写真24）

　風化が強く顔の表情や被り物は不明である。衣冠束帯の姿で両手を組んで孔がある。

【天保4年（1833年）、像高78cm、ベンガラ色の痕跡】

48. 小林市野尻町紙谷上の原の田の神（写真25）

　面長顔に烏帽子を被り、直衣姿をして両手を輪組みして孔がある。顔面は破損がひどく、表情などは不明である。青山幹雄先生はこの破損の状況があまりにもひどいために、その昔農民たちが、水田にまくと虫除けになるとして、ひそかに石像の顔を削ったのではないかと推察されている（『宮崎の田の神像』）。また一般に野尻町の神像型は角張っているが、この石像は袖口に丸みを帯びさせており、装束の質感を表現している。

【天保8年（1837年）、像高80cm、彩色なし】

49. 宮崎市高岡町浦之名田の平の田の神（写真26）

　後ろに長い纓のついた冠を被り、袍と袴の衣冠束帯で両手を輪組みして孔はなく、袖が張り出している。風化が強く顔の表情などは不明である。何故か頭は黒い。袍と袴の一部にベンガラの痕跡が残る。立派な石祠に祀られている。

【嘉永年間（1848～1854年）、像高65cm、彩色あり】

50. 都城市山之口町山之口天神川原の田の神（写真27）

　山の神と並んでいるが、烏帽子を被り、目・鼻・口がはっきりしており穏やかな表情である。衣冠束帯の姿で両手を組んで孔がある。

【嘉永5年（1852年）、像高70cm、ベンガラ色の痕跡がある】

51. 曽於市財部町下財部吉ヶ谷の田の神（写真28）

　烏帽子を被り狩衣姿で、両手で宝珠を持ち蓮花台に座る。風化が強く顔の表情などは不明である。一瞬みると僧型ではないかとも思われる。大きな木製の祠に祀られている。

【安政2年（1855年）、像高55cm、彩色なし】

52. 北諸県郡三股町餅原徳桝の田の神（写真29）

　纓のついた冠を被り、袍と袴の衣冠束帯で、両手を輪組みするが孔はない。丸っこい顔に目・鼻・口がはっきりとして穏やかな表情である。冠は黒、顔と両手は肌色、袍はベンガラ色で青の肩衣を身に着ける。

【文久元年（1861年）、像高80cm、彩色あり】

53. 薩摩川内市西方町白滝の田の神

　冠を被り衣は詳細不明である。右手に笏、左手にはおにぎりを持って座る。持ち回りから固定型の田の神になっている。

写真25　小林市野尻町紙谷　　写真26　宮崎市高岡町浦之　　写真27　都城市山之口町山
　　　上の原の田の神　　　　　　　名田の平の田の神　　　　　之口天神川原の田の神

【明治18年（1885年）、像高13cm、彩色なし】

54. 伊佐市大口白木下の田の神

　四角帽子様の冠を被り、衣冠束帯で右手にメシゲを持つが左手は持ち物はなし。衣にベンガラ色が残る。公民館内に安置されている。

【明治26年（1893年）、像高60cm、彩色あり】

55. 阿久根市脇本桐野下の田の神（写真30）

　屋根つきの石祠に、上半身の神像型座像が角柱浮き彫りされ、右手にメシゲ、左手は椀を持っている。風化が強く顔の表情などは不明である。このような屋根付きの石祠は、この地方特有のものか。

【明治45年（1912年）、像高83cm、彩色なし】

56. 宮崎市田野町乙野崎の田の神（写真31）

　纓のある冠を被り、両手を輪組みして笏を持つ。高岡町から持ってきたらしく、内野源太郎作とのこと。

【大正4年（1915年）、像高85cm、彩色なし】

57. 都城市高城町石山香禅寺の田の神（写真32）

　烏帽子と狩衣の衣冠束帯風の装束で、両手を輪組みして孔がある。目・鼻・口がはっきりとして穏やかな表情である。顔は肌色で袍と袴はベンガラ色に彩色され、一辺が110cmの台座の上に座っている。

写真28　曽於市財部町下財　写真29　北諸県郡三股町餅　写真30　阿久根市脇本桐野
部吉ヶ谷の田の神　　　　　原徳桝の田の神　　　　　下の田の神

写真31　宮崎市田野町乙野　　写真32　都城市高城町石山　　写真33　南さつま市加世田
崎の田の神　　　　　　　　　　香禅寺の田の神　　　　　　　村原花の田の神

【大正5年（1916年）頃、像高75cm、彩色あり】

58. 小林市細野字上岡の田の神

　烏帽子を被り衣冠束帯風の装束で、右手にはメシゲを持ち左手は輪握りをして座っている。目・鼻・口がはっきりして、穏やかな表情である。

【大正15年（1926年）、像高63cm、彩色なし】

59. 南さつま市加世田村原花の田の神（写真33）

　頭髪の上に纓のついた冠を被り、袍と袴の衣冠束帯の装束で、二つの大きな米俵の上に座っている。目・鼻・口は何とか読み取れて、端正な表情である。両肩に○に十の字の紋付の袍で、右手にメシゲと思われるものを持つが欠けている。左手の持ち物は不明である。

【昭和4年（1929年）、像高70cm、彩色なし】

60. 小林市水流迫字下ノ平の田の神（写真34）

　纓のついた冠を被り、袍と袴の衣冠束帯で座り両手を輪組みして孔がある。白い顔に目・鼻・口がはっきりと描かれて、端正な表情である。大きな祠に他の神と並んで祀られている。顔と手は白、被り物と袍の中央は黒、衣はベンガラ色に彩色されている。

【昭和8年（1933年）、像高58cm、彩色あり】

61. 小林市細野小字上岡の田の神（写真35）

烏帽子を被り狩衣姿で、右手にメシゲを持ち左手の持ち物は不明。目・鼻・口がはっきりとして威嚇しているようにもみえる。頭部に割れた跡があり補修してある。顔と両手およびメシゲは白、狩衣はベンガラ色に彩色されている。
【昭和8年（1933年）、像高67cm、彩色あり】

62. えびの市中内竪梅木前の田の神

　冠を被り直衣で、二俵の米俵の上に座る。木製で持ち回りであったが、今は個人宅に安置されている。
【昭和12年（1937年）、像高18cm、木の色】

63. 小林市野尻町東麓大平山の田の神（写真36）

　纓のついた冠を被り、袍と袴の衣冠束帯の装束で、右手に笏、左手には宝珠を持つ。目・鼻・口がはっきりとして穏やかな表情である。ベンガラ色の痕跡がある。
【昭和13年（1938年）、像高47cm、ベンガラ色の痕跡】

64. えびの市北松岡の田の神

　烏帽子を被り広袖の羽織に袴姿で、両手で笏を持つ。顔は白、衣は白・黄色・空色、烏帽子は黒色。個人宅の屋外に祀られている。
【昭和25年（1950年）、像高42cm、彩色あり】

65. 伊佐市大口小木原堺町の田の神

写真34　小林市水流迫字下ノ平の田の神　　写真35　小林市細野小字上岡の田の神　　写真36　小林市野尻町東麓大平山の田の神

冠を被り、袍と袴の衣冠束帯風の装束をして、両手で宝珠（資料では団子）を持つ。目・鼻・口がはっきりとして穏やかな表情である。冠は黒、他は白から肌色。自治会所有のものである。石工田崎満徳の作といわれている。

【昭和34年（1959年）、像高35cm、彩色あり】

66. 薩摩川内市西方町955－1浦小路の田の神

　烏帽子を被り、衣冠束帯の装束をして両手で笏を持つ。個人宅地に祀られている。

【昭和48年（1973年）、像高71cm、彩色あり】

67. 伊佐市菱刈町築地中の田の神

　冠を被り衣冠束帯で、両手を膝の上で組み持ち物はない。冠は黒、衣はベンガラ色に彩色されている。個人宅のものである。

【昭和50年（1975年）、像高19cm、彩色あり】

68. 伊佐市菱刈田ノ口場ノ木公民館の田の神

　冠を被り衣冠束帯で、両手は膝の上、背にメシゲ。顔と手は白色、上衣は紫、袴は青色。以前は持ち回りで現在は自治会所有で場ノ木公民館内に祀られている。

【昭和54年（1979年）、像高34cm、彩色あり】

69. えびの市坂元の田の神（写真37）

　烏帽子を被り狩衣でなく長袖の和服姿である。耳が大きくて、細目で微笑んでおり、両手を膝の上に置き左手は輪を作って座る。田中勇夫氏の寄贈で、顔と手は白、衣は青色、烏帽子は黒色である。

【昭和62年（1987年）、像高57cm、彩色あり】

70. えびの市池島の田の神（写真38）

　纓のついた冠を被り、袍と袴の衣冠束帯、袖が張り出し両手を輪組みして笏を持つ。目・鼻・口がはっきりとして穏やかな表情である。全体が黒紫色に着色されている。

【平成3年（1991年）、像高不明、着色あり】

71. 薩摩川内市東郷町宍野①の田の神

　後ろに長い纓のある冠を被り、袍と袴の衣冠束帯で、両手で持つものは笏でなく男性器。背中に島津藩の文様があり、巨大な石像である。顔と手、持ち物

写真37　えびの市坂元の田　写真38　えびの市池島の田　写真39　薩摩川内市東郷町
の神　　　　　　　　　　　　　の神　　　　　　　　　　　　　宍野②の田の神

は白色で、他は黒色に彩色されている。

【平成10年（1998年）、像高約170cm、彩色あり】

72. 薩摩川内市東郷町宍野②の田の神（写真39）

　烏帽子に狩衣の衣冠束帯の装束をして、目・鼻・口がはっきりとして穏やか
な表情である。両手で笏を持って座っている。平成10年にえびの市より寄贈さ
れた巨大な石像である。

【平成10年（1998年）、像高約170cm、すべて銀色】

（4）野尻神像型座像

　すでに紹介した享保18年（1733年）作の野尻町東麓高都萬神社の田の神は、
冠を被り衣冠束帯で両手を輪組みにして、祭りの際に笏を挿すような孔が作ら
れている。ここで述べる野尻神像型座像の原型であるといわれている。野尻町
で作製された「野尻型」は、作製年不詳の石像も含めると全部で14体あるが、
すべて昭和初期のものである。両手を組んで男性のシンボルとされるメシゲや
笏を持たせるものが多く、装束が三角や四角の角張った抽象的な表現になって
いる。また多くが鮮やかに彩色され、目・鼻・口がはっきりと描かれた端正な
表情であり、祠の中に祀られているものも多い。

　なぜ昭和時代に新型の石像が作られたのか不思議に思っていたが、小林市で

地域ボランティアガイドの活動をされている前田宗佐氏のお話では、「野尻町の中央部になる東麓地区とその西側の三ケ野山地区では、国道268号の両側に水田が広がっている。シラス台地に小林地区から長い用水路を引いて水田が開発されたわけだ。その壮大な事業が完成したのが昭和11年5月18日」とのことであった。これを機に作製されたのが野尻神像型の石像と思われる。

1. 小林市野尻町三ケ野山水流平の田の神（写真1）

　纓のついた冠を被り、袍と袴の衣冠束帯、両手を輪組みしてメシゲを持って座る。角張った装束は野尻神像型の特徴であり、目・鼻・口がはっきりと描かれて端正な表情である。冠と中央部は黒、顔は白、袍はベンガラ色に彩色されている。

【昭和6年（1931年）、像高51cm、彩色あり】

2. 小林市野尻町紙屋秋社の田の神（写真2－A，2－B）

　背中までの長い纓のついた冠を被り、袍と袴の衣冠束帯は角張った装束であり、両手を輪組みして笏を持って座る。風化が強く顔の表情などは不明である。木製の祠に祀られている。

【昭和10年（1935年）、像高46cm、彩色なし】

3. 小林市野尻町三ケ野山佐土原の田の神（写真3）

写真1　小林市野尻町三ケ野山水流平の田の神

写真2－A　小林市野尻町紙屋秋社の田の神

写真2－B　小林市野尻町紙屋秋社の田の神

写真3　小林市野尻町三ケ野山佐土原の田の神

写真4-A　小林市野尻町三ケ野山釘松の田の神

写真4-B　小林市野尻町三ケ野山釘松の田の神

　纓のついた冠を被り、袍と袴の衣冠束帯は角張った装束であり、両手を輪組みしてメシゲを持って座る。目・鼻・口がはっきりと描かれて端正な表情である。顔とメシゲは白、あとはすべてベンガラ色に彩色されている。木製の祠の中に祀られている。

【昭和11年（1936年）、像高51cm、彩色あり】

4.　小林市野尻町三ケ野山釘松の田の神（写真4-A, 4-B）

　纓のついた冠を被り、袍と袴の衣冠束帯は角張った装束であり、両手を輪組みしてメシゲに似た笏を持って座る。目・鼻・口がはっきりと描かれて端正な表情である。顔は白、あとはすべてベンガラ色に彩色されている。屋根付きの祠に、山の神、水神そして馬頭観音などと並んで祀られている。

【昭和13年（1938年）、像高67cm、彩色あり】

5.　小林市野尻町東麓西吉村の田の神（写真5）

　冠を被り、袍と袴の衣冠束帯の姿をして両手でメシゲを持って座る。メシゲは男性のシンボルとされている。目・鼻・口がはっきりと描かれており、端正な顔つきである。顔は肌色、メシゲと袍はベンガラ色に彩色されている。ブロックと木製の屋根つきの祠に祀られている。

【昭和14年（1939年）、像高60cm、彩色あり】

6.　小林市野尻町東麓見越の田の神（写真6-A, 6-B）

写真5　小林市野尻町東麓西
吉村の田の神

写真6－A　小林市野尻町東
麓見越の田の神

写真6－B　小林市野尻町東
麓見越の田の神

　背中までの長い纓のついた冠を被り、袍と袴の衣冠束帯は角張った装束であり、両手を輪組みしてメシゲの笏を持って座る。風化が強く顔の表情などははっきりとしない。像にはベンガラ色の跡が残る。

【昭和14年（1939年）、像高59cm、彩色あり】

7.　小林市野尻町三ケ野山野々崎の田の神（写真7）

　纓のついた冠を被り、袍と袴の衣冠束帯は角張った装束であり、両手を輪組みしてメシゲを持って座る。目・鼻・口がはっきりと描かれて端正な顔つきである。顔とメシゲは白、あとはすべてベンガラ色に彩色されている。木製の祠に祀られている。

【昭和20年（1945年）、像高60cm、彩色あり】

8.　小林市野尻町三ケ野山小坂の田の神（写真8）

　纓のついた冠を被り、袍と袴の衣冠束帯は角張った装束であり、両手を輪組みしてメシゲに似た笏を持って座る。目・鼻・口がはっきりと描かれて端正な表情である。顔は白、笏は黒、あとはすべてベンガラ色に彩色されている。どっしりと座り、木製の祠に祀られている。

【昭和26年（1951年）、像高60cm、彩色あり】

9.　小林市野尻町東麓陣原の田の神（写真9）

　纓のついた冠を被り、袍と袴の衣冠束帯で角ばった装束であり、両手を輪組

写真7　小林市野尻町三ケ野
山野々崎の田の神

写真8　小林市野尻町三ケ野
山小坂の田の神

写真9　小林市野尻町東麓陣
原の田の神

みしてメシゲを持って座る。目・鼻・口がはっきりと描かれて厳かな表情である。顔とメシゲは白、袍と袴はピンクがかった朱色に彩色されている。
【昭和34年（1959年）、像高78cm、彩色あり】

【Ⅱ】 神舞神職型

　神社などで祭りのときに舞われる神楽のことをカンメ（神舞）という。神舞神職型は、神職が神舞をする様を田の神にしたものである。
　年代が判明した石像は2体しかないが、鹿屋市の高隈地方を中心にかなり古い時代から作製されていたことが分かる。作製年代不詳のものも数えると全部で9体になる。その多くが烏帽子を被り、袖の短い上衣に長袴姿で腰をかがめて舞を踊る格好をして、神舞用の振り鈴を持っている。どうしてこの限られた地方に、このような独特な石像が誕生したのか興味深い。このタイプの石像は数が少ないので、年代不詳のものも追加して紹介したい。

1. 鹿屋市下高隈町上別府の田の神（写真1－A，1－B，1－C）

　烏帽子を被り福相の顔で歯をみせて笑っている。袂（たもと）の短い上衣に、腰板のある長袴をはいている。右手には、今はないが以前は鈴を持っていたという。左

写真1−A　鹿屋市下高隈町
上別府の田の神

写真1−B　鹿屋市下高隈町
上別府の田の神

写真1−C　鹿屋市下高隈町
上別府の田の神

手は輪を作って孔があり、幣などをさして持たせていたようである。大きな幣を二本腰にさし、背部に突き出てよく調和のとれた像である。衣や烏帽子などが薄い赤茶色に彩色の跡がある。

【明和2年（1765年）、像高65cm、彩色あり】

2．鹿屋市高隈町仮屋の田の神（写真2−A，2−B）

　　烏帽子を被り長袖の上衣に長袴姿で、右手は鈴を持ち、左手の持ち物は不

写真2−A　鹿屋市高隈町仮
屋の田の神

写真2−B　鹿屋市高隈町仮
屋の田の神

写真2−C　仮屋の田の神レ
プリカ・鹿屋市鹿屋バラ園

明。風化が強く顔の表情などは不明である。頭部は右に傾けて載せてある感じ。背中は襷がけで腰をかがめて、今にも踊り出しそうである。鹿屋バラ園の田の神公園に置かれているこの像のレプリカを写真2－Cに紹介するが、作製された頃にはこんなに立派な石像だったのかと驚かされる。

【文化5年（1808年）、像高90cm、彩色なし】

■参考／年代不詳のもの

3.　鹿屋市上高隈町重田の田の神（写真3）

　烏帽子を被り、長袖の上衣と長袴姿で右手にメシゲを持ち左手は破損している。風化が強く顔の表情などは不明。背中は襷がけしており、顔は薄い赤茶色に彩色されている。

【像高76cm、彩色あり】

4.　鹿屋市下高隈町柚木原の田の神（写真4）

　風化が強く顔の表情などは不明である。烏帽子と思われるものを被り、長袖の上衣と長袴で立っている。両手は欠損し持ち物不明である。

【像高67cm、彩色なし】

5.　鹿屋市下高隈町吉ケ別府の田の神（写真5）

　烏帽子を被り長袖の上衣と長袴姿。両手は破損し、持ち物不明である。風化

写真3　鹿屋市上高隈町重田
の田の神

写真4　鹿屋市下高隈町柚木
原の田の神

写真5　鹿屋市下高隈町吉ケ
別府の田の神

が強く顔の表情は辛うじて読み取れる。腰を少しかがめて、今にも踊り出しそうである。首はセメント補修されている。胸元が赤茶色に彩色されている。
【像高75cm、彩色あり】

6. 鹿屋市上高隈町鶴の田の神（写真6）

　烏帽子を被り目・鼻・口がはっきりとしたふくよかな顔で、長袖の上衣と長袴で腰をかがめて立ち、舞を舞っているようにもみえる。持ち物は不明である。鹿屋バラ園の田の神銀座のレプリカ像（写真7）では、右手にスリコギ、左手には鈴を持っている。江戸時代の作といわれている。
【像高不明、彩色なし】

7. 鹿屋市下高隈町川原田（左側）の田の神－【像高54cm、彩色なし】（写真8）

8. 鹿屋市下高隈町川原田（右側）の田の神－【像高41cm、彩色なし】（写真9）

　7と8の川原田の田の神は、細い山道を車で長く走ってようやく見つけることができた。二体とも小高い場所に並んでいる。何しろ風化と破損が強く、どのようなタイプの石像か全く分からなくて悩んでいたら、鹿屋バラ園の田の神公園にレプリカ像（写真10）が祀られており、すがる思いで確認したのを覚えている。もともとの左側の田の神は、辛うじて顔の表情を見ることができる。両手を挙げているような恰好にも思われる。被り物や衣などは不明であり、右側の田の神は顔の様相すら全く不明である。

　一方レプリカ像では、二体とも烏帽子を被り微笑んだ表情。長袖の上衣と長袴姿を着て、右手に鈴を持ち左手にはメシゲを持って立っている。恐らくこのような神舞神職型の石像であったものと考えられる。

写真6　鹿屋市上高隈町鶴の田の神

写真7　鶴の田の神レプリカ・鹿屋市鹿屋バラ園

郵便はがき

892-8790
168

鹿児島市下田町二九二—一

図書出版
南方新社　行

料金受取人払郵便

鹿児島東局
承認
229

差出有効期間
2026年7月
31日まで

有効期限が
切れましたら
切手を貼って
お出し下さい

ふりがな 氏　名		年齢	歳
住　所	郵便番号　　　－		
Ｅメール			
職業又は 学校名		電話（自宅・職場） 　　（　　　）	
購入書店名 （所在地）		購入日　　月　　日	

書名 （ 　　　　　　　　　　　　　　　　　 ） 愛読者カード

本書についてのご感想をおきかせください。また、今後の企画についてのご意見もおきかせください。

本書購入の動機（○で囲んでください）

　　A　新聞・雑誌で　　（紙・誌名　　　　　　　　　　　　　　　）
　　B　書店で　　C　人にすすめられて　　D　ダイレクトメールで
　　E　その他　　（　　　　　　　　　　　　　　　　　　　　　）

購読されている新聞, 雑誌名

　　　　新聞　（　　　　　　　　）　雑誌　（　　　　　　　　　）

直接購読申込欄

本状でご注文くださいますと、郵便振替用紙と注文書籍をお送りします。内容確認の後、代金を振り込んでください。 （送料は無料）		
書名		冊
書名		冊
書名		冊
書名		冊

写真8　鹿屋市下高隈町川原　　写真9　鹿屋市下高隈町川原　　写真10　川原田の田の神レ
　　　　田（左側）の田の神　　　　　　田（右側）の田の神　　　　　　　プリカ・鹿屋市鹿屋バラ園

9. 鹿屋市下高隈町谷田の田の神

　烏帽子を被り上衣に襞の多い長袴姿で、右手に鈴を持つが左手は不明である。

【像高78cm、彩色なし】

【Ⅲ】神職型

　仏像型が僧型に移行したように、神像型が神職型に移行したのではないかと考えられている。神職型の田の神では、北薩摩型と大隅型の二種類の歴史的な背景の異なる立像がある。共に享保年間の作であり、それぞれ特有な像型をしている。1体と数こそ少ないが貴重な椅像の神職型もある。これは、大隅地方独特のメシゲとスリコギ持ちの神職型座像の原型ではないかとされている。

（1）神職型立像

A. 北薩摩型神職型立像

　薩摩郡の山地に特有な田の神で、膝の近くで小さなメシゲを垂らして持っているのが特徴。腹が膨らんでいて満腹の様相を示している。

1. 薩摩郡さつま町泊野市野（左側）の田の神（写真1）

　前面の欠けた分厚いシキを被り、広袖の上衣に裁着け袴姿、左手に小さなメシゲを膝上で下げて持ち、右手は欠損している。風化が強く顔の表情などは不明である。薩摩郡の山地に特有な神職型立像メシゲ持ちの田の神で、腹の膨らみは、満腹を表現している。後方からは男性根にみえる。町指定有形民俗文化財に指定されている。

【享保13年（1728年）、像高74cm、彩色なし】

2. 薩摩郡さつま町求名中福良の田の神（写真2）

　笠状のシキを被り、広袖の上衣に裁着け袴姿で、右手は小さなメシゲを膝元で下げて持って立っている。左手は欠損し持ち物は不明である。風化が強く表情など定かではないが、上眼を閉じ加減で穏やかな庶民的な表情で、襟元には赤色のラインがある。

【延享5年（1748年）、像高66cm、彩色あり】

3. 薩摩郡さつま町泊野高峰の田の神（写真3）

　編目がはっきりとした大きなシキを被り、裁着け袴姿で、右手と顔は損傷し（廃仏毀釈のせい）、左手は顔横に挙げる。風化が強く、顔は白色、赤い頬紅と口紅がある。

【宝暦2年（1752年）、像高60cm、彩色あり】

写真1　薩摩郡さつま町泊野市野（左側）の田の神　　写真2　薩摩郡さつま町求名中福良の田の神　　写真3　薩摩郡さつま町泊野高峰の田の神

4. 薩摩郡さつま町泊野楠八重の田の神（写真4）

写真4　薩摩郡さつま町泊野
楠八重の田の神

　大きなシキをアミダに肩まで被り、広袖の上衣に裁着け袴姿、左手に小さなメシゲを下げて持ち、右手は欠損している。腰掛けているが、黒い肌の滑らかな石に彫られて、顔は白く、着衣はベンガラ色が残る。シキには編目が碁盤状に付けられ、丸顔で目じりを下げた表情は庶民的である。足はコンクリート付けしたために、埋もれてしまっている。

【像高52cm、彩色あり】

B. 大隅半島型神職型立像

1. 肝属郡南大隅町根占川北の田の神（写真1）

　総髪の頭に頭巾風のシキを被り、顔の表情は大分残っており、布衣姿で袖は短い。袴腰のついた括り袴風の短袴、紐を前で結び、足には沓を履いた立像である。後方からみると袴の下部が下について、腰掛け姿か長袴のようにみえる。右手には大きめのメシゲを、左手には太く短いスリコギをそれぞれ肩のところまで逆八の字の型に持っている。メシゲやスリコギを垂直や逆八の字型に持つのが大隅半島の古い田の神の特徴である。共石台の下に刻記のある大きな石台があり、その正面には紋のように縦長の球を二つ並べたものと、球を品字型に三つ重ねて彫ったものがある。三つの球は先に尖りがあるので宝珠を意味していると考えられている。県の有形民俗文化財に指定されている。

【享保16年（1731年）、像高82cm、彩色なし】

2. 肝属郡錦江町馬場の田の神（写真2）

　編目の立派な甌シキを被り、長袖の布衣に長袴姿で、右手にメシゲ、左手にはスリコギを共に垂直に持つ。風化が強く顔の表情などは不明である。両足を覗かせている。町の有形民俗文化財に指定され、後方からは男性根にみえる。

【享保年間（1716～1736年）、像高86cm、彩色なし】

3. 肝属郡錦江町福祉センターの田の神（写真3）

写真1　肝属郡南大隅町根占
川北の田の神

写真2　肝属郡錦江町馬場の
田の神

写真3　肝属郡錦江町福祉セ
ンターの田の神

　総髪で笠状のシキを被り、布衣と括り袴姿で、右手にスリコギ、左手にはメシゲを共に垂直に持つ。風化が強く顔の表情は定かでないが、両足を覗かせておりベンガラ色の痕跡がみられる。町の有形民俗文化財に指定されている。

【安永2年（1773年）、像高80cm、ベンガラ色の痕跡】

4.　肝属郡錦江町神川の田の神（写真4）

　総髪で大きくて後方に長い甑のシキを被り、広袖の羽織に長袴姿で、右手にメシゲ、左手にはスリコギを共に立てて持つ。風化が強いが顔の表情は何とか読み取れる。両足を覗かせて立っている。ベンガラ色の痕跡がみられる。

【安永6年（1777年）、像高75cm、ベンガラ色の痕跡】

写真4　肝属郡錦江町神川の
田の神

C.　その他の神職型立像

1.　指宿市十日町二月田の田の神（写真1）

　シキを被り広袖の布衣に裁着け袴姿で、両手が欠けて持ち物は不明である。

写真1　指宿市十日町二月田 の田の神

写真2　指宿市山川成川の田 の神

写真3　薩摩郡さつま町山崎 上の田の神

石像全体が、山川石と言われる凝灰岩で出来ているため、明るい黄色である。

【元文5年（1740年）、像高62cm、明るい黄色】

2.　指宿市山川成川の田の神（写真2）

　シキを被り襷がけの短袖の上衣と裁着け袴姿で、右手は小さなメシゲ、左手 には団子風の物を持って立つ。石像全体が明るい黄色で、最南端の田の神であ る。

【明和8年（1771年）、像高78cm、明るい黄色】

3.　薩摩郡さつま町山崎上の田の神（写真3）

　目・眉・口が細くて端正な顔立ち、大きなシキを肩まで被り直衣を着て、後 方に大きな裾が垂れている。袖や指貫など膨らみをもって彫られている。女官 型の神職型立像である。先に述べたA.　北薩摩型の神職型立像と比べると、同 じ北薩摩地方であるのに趣が全く異なるのも興味深い。

【寛政5年（1793年）、像高80cm、彩色なし】

（2）神職型椅像

1.　肝属郡肝付町南方乙田の田の神（写真1）

　うす暗い石祠の中に祀られている。顔は黒く変色して表情などは不明であ る。欠けたシキを被り布衣を身に着け、左手にメシゲ様のものを持つが左手は

不明である。両膝を前に出して低い台に腰掛けている。風化と破損が強いが、端正に佇んだ立派な像である。大隅半島の東部にみられるシキを被り、布衣を着てメシゲやスリコギを立てて持つ跌座（輪王座）姿の神職型座像が作製される以前の田の神ではないかと考えられている。

【寛保2年（1742年）、像高53cm、彩色なし】

写真1　肝属郡肝付町南方乙田の田の神

（3）神職型座像

1.　霧島市横川町上ノ紫尾田の田の神（写真1）

　纓のある冠を被り、襞の多い袖の袍に指貫の衣冠風の格好で胡座している。顔つきは神像らしい威厳があり、両手を輪組みにして孔がある。以前に紫尾田中郡の洞窟にあったものを、戦後に現在地に移設している。年号に関しては、延享元年（1744年）とされるが、一説によると正保元年（1644年）といわれている（霧島市教育委員会『霧島市の田の神さあ』）。宮崎県の小林市やえびの市などから伊佐市菱刈町にかけてみられる大型の腰掛け姿の神像型椅像の系統を引くものだが、この石像は胡座しており、南大隅にみられる神職型安座像に移行する姿ではないかとも紹介されている（小野重朗『田の神サア百体』）。

【延享元年（1744年）もしくは正保元年（1644年）、像高62cm、口紅と衣の一部にベンガラ色】

2.　姶良市加治木町小山田中郷の田の神（写真2－A，2－B）

　頭巾風のシキを背中まで被り、胸合わせの長袖の上衣と袴姿で、一部破損したメシゲを右手に持ち、左手には破損した椀を持って胡座している。面長顔で風化が強く顔の表情は明確でない。地衣の付着が強く、頭巾の内側にベンガラ色が残る。加治木町では最古の石像である。

【元文5年（1740年）、像高49cm、ベンガラ色の痕跡】

3.　志布志市有明町蓬原野井倉豊原の田の神（写真3－A，3－B）

　頭部には頭巾を被り、頭巾の下には長髪の生えぎわがみえる。顔は大きく眉

写真1　霧島市横川町上ノ紫尾田の田の神

写真2－A　姶良市加治木町小山田中郷の田の神

写真2－B　姶良市加治木町小山田中郷の田の神

も目もはっきりして、庶民的な表情である。神職の布衣らしい長袖の着衣に、袴の足を前で組む輪王座姿で、左足は水平にして右足は斜めに立てている。右手に小さなメシゲを、左手にはスリコギを垂直に並べて持っている

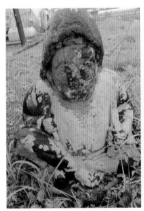

写真3－A　志布志市有明町蓬原野井倉豊原の田の神

写真3－B　志布志市有明町蓬原野井倉豊原の田の神

が、これが大隅半島の古い田の神の特徴で、曽於郡と肝属郡に点在している。大隅型神職型座像輪王座で、県有形民俗文化財に指定されている。

【寛保3年（1743年）、像高76cm、彩色なし】

4. 志布志市志布志町安楽中宮の田の神（写真4）

　シキかどうかは不明であるが、頭巾風の被り物を後ろに垂らして被り、直衣の上衣と腰板のある指貫風のものを身に着けている。趺座像であるが、右足を

写真4　志布志市志布志町安
楽中宮の田の神

写真5-A　志布志市有明町
蓬原中野の田の神

写真5-B　志布志市有明町
蓬原中野の田の神

立てた輪王座で、右手にメシゲ、左手にはスリコギを逆八の字の形で持っている。大隅型神職型座像輪王座で、大慈寺門前弥三左衛門の作。

【延享元年（1744年）、像高75cm、彩色なし】

5.　志布志市有明町蓬原中野の田の神（写真5-A，5-B）

　頭巾を被り、布衣と袴姿で右手にメシゲ、左手にはスリコギを立てて持つ。右足を上に立てて胡座をかいている。襟元と持ち物にベンガラ色が残る。大隅型神職型座像輪王座である。

【宝暦3年（1753年）、像高67cm、一部ベンガラ色痕跡】

6.　肝属郡肝付町南方大平見の田の神（写真6-A，6-B）

　被り物は不明で布衣と裁着け袴姿で、右手にメシゲ、左手にはスリコギを垂直に立てて持ち胡座している。頭部と顔面はまっ黒である。

【宝暦4年（1754年）、像高60cm、彩色なし】

7.　霧島市横川町上ノ古城の田の神（写真7）

　三角形の烏帽子を被り、着衣は衣冠で両手を前で輪握りして胡座の姿が、大きな舟型石に浮き彫りされている。風化が強く顔の表情は明確ではない、石碑前面に「享和三年亥三月三日」の刻銘あり。

【享和3年（1803年）、像高112cm、彩色なし】

8.　志布志市志布志町田の浦の田の神（写真8-A，8-B）

写真6－A　肝属郡肝付町南方大平見の田の神

写真6－B　肝属郡肝付町南方大平見の田の神

写真7　霧島市横川町上ノ古城の田の神

シキを被り、布衣と袴姿で右手にメシゲ、左手にはスリコギを立てて持つ。表情が柔和で、仏像みたい。昭和初期に他部落から盗んできたものという。

【文化6年（1809年）、像高47cm、ベンガラ色が残る】

9. 志布志市志布志町安楽平床の田の神

写真8－A　志布志市志布志町田の浦の田の神

写真8－B　志布志市志布志町田の浦の田の神

シキを被り、袍と括り袴姿で右手にメシゲ、左手にはスリコギを立てて持つ。持ち回りのものを個人持ちにした。

【文政4年（1821年）、像高68cm、彩色不明】

10. 曽於郡大崎町高井田の田の神

分厚いシキを頭巾風に被り、目・鼻・口がくっきりと描いてあり、長袖の上衣に袴姿で右手にメシゲを持ち、左手にはスリコギを立てて持ち座っている。

【文政6年（1823年）、像高54cm、彩色不明】

11. 志布志市志布志町安楽中宮の田の神

　頭巾風に笠を被り、狩衣と括り袴姿で右手にメシゲ、左手にはスリコギを立てて持つ。持ち物や体の一部にベンガラ色が残る。個人宅のものが、同屋敷内の固定型になる。

【天保7年（1836年）、像高75cm、彩色あり】

12. 志布志市志布志町安楽安良宮脇の田の神

　シキを頭巾風に被り、右手にメシゲ、左手にはスリコギを垂直に持つ。個人持ちを、水路上高台に固定した。

【天保10年（1839年）、像高不明、彩色も不明】

13. 曽於市大隅町月野広津田の田の神（写真9）

　頭巾を背に垂らし、広袖の和服と袴姿で右手にメシゲ、左手にスリコギを垂直に持つ。丸彫りの石像では最大級の神職型座像大隅型である。これはオットラレ再発防止で大型化したと伝えられている。

【弘化4年（1847年）、像高140cm、彩色なし】

14. 志布志市志布志町内之倉森山田中神社の田の神（写真10）

　頭を丸めて、面長顔にシキ様の笠を被り、広袖の上衣に袴姿。右手にスリコギ、左手にはメシゲを立てて持つ。大きな神職型座像大隅型である。

【弘化4年（1847年）、像高118cm、彩色なし】

15. 志布志市志布志町夏井の田の神（写真11）

　頭巾風にシキを被り、目・鼻・口がはっきりとして穏やかな表情である。広袖の和服に襞のある長袴姿で、どっしりと座り風格がある。右手にはメシゲを持ち、左手にはスリコギを立てて持っている。全体的に白色で彩色されているが、一部にベンガラ色が残る。

【文久2年（1862年）、像高78cm、彩色あり】

16. 志布志市田床の田の神

　頭巾風にシキを被り、狩衣と袴姿で右手にメシゲ、左手にはスリコギを立てて持つ。

【文久2年（1862年）、像高60cm、彩色不明】

17. 志布志市柳井谷の田の神

写真9　曽於市大隅町月野広　写真10　志布志市志布志町　写真11　志布志市志布志町
津田の田の神　　　　　　　内之倉森山田中神社の田の神　夏井の田の神

　柔和な顔に頭巾風にシキを被り、狩衣と袴姿で右手にメシゲ、左手にはスリ
コギを立てて持つ。

【文久3年（1863年）、像高78cm、彩色不明】

18. 曽於市大隅町大谷中大谷の田の神（写真12）

　頭巾を背に垂らして、広袖の羽織に袴姿で、右手にメシゲ、左手にはスリコ
ギを立てて持つ。風化が強く顔の表情などは不明である。大きな神職型座像大
隅型の石像である。

【元治2年（1865年）、像高90cm、彩色なし】

19. 志布志市志布志町安楽平城の田の神

　シキを被り袍と括り袴で、右手にメシゲ、左手
にはスリコギを垂直に持つ。持ち回りであった
が、現在はコンクリートの台座に座り固められて
いる。

【元治2年（1865年）、像高40cm、彩色不明】

20. 志布志市志布志町安楽宮内上の田の神

　シキの笠を被り、狩衣と袴姿で右手にメシゲ、
左手にはスリコギを垂直に持つ。持ち回りの田の
神である。

写真12　曽於市大隅町大谷
中大谷の田の神

【明治32年（1899年）、像高56cm、彩色不明】

21. 志布志市志布志町安楽安良神社の田の神

　笠を頭巾風に被り、右手にメシゲ、左手にはスリコギを立てて持つ。神職型座像跌座の石像である。

【明治36年（1903年）、像高40cm、彩色不明】

22. 曽於郡大崎町天園の田の神

　甑のシキを被り、目・鼻・口がはっきりとして穏やかな表情である。小さな長袖の衣に、右手にメシゲ、左手にはスリコギを持つ。「田神様」の文字が目立っている。

【大正13年（1924年）、像高40cm、彩色不明】

23. 志布志市志布志町安楽平床②の田の神

　頭巾風にシキを被り、長衣で右手にメシゲ、左手にはスリコギを立てて持つ。以前は持ち回りであったが、現在は公民館に祀られている。

【昭和3〜4年（1928〜1929年）、像高43cm、彩色不明】

24. 志布志市志布志町安楽平床③の田の神

　シキの笠を被り狩衣と袴姿で、右手にメシゲ、左手にはスリコギを逆八字の形で持つ。以前は持ち回りであったが、現在は公民館に祀られている。

【昭和4〜5年（1929〜1930年）、像高不明、彩色不明】

25. 曽於郡大崎町城内の田の神

　大きな甑のシキを被り、丸い顔に目・鼻・口がはっきりして穏やかな表情である。長袖の上衣を着て右手にスリコギを持ち、左手にはメシゲを立てて持ち、胡坐をかいて座る。持ち回りの田の神で、本来のメシゲ・スリコギ持ちの神職型座像とは趣が異なる。

【昭和5年（1930年）、像高33cm、彩色不明】

26. 志布志市志布志町一丁目の田の神

　シキを被り、右手にメシゲ、左手にはスリコギを垂直に持つ。

【昭和6年（1931年）、像高80cm、彩色不明】

【Ⅳ】 田の神舞神職型

田の神舞は神舞の一つで、神職または氏子が田の神となり、祭りや田の神講のときに舞う。神像型の石像の中では数が最も多く、各地で作製されている。典型的な石像は、大隅半島の鹿屋市を中心にみられる。手にメシゲと鈴を持ち、胸に飾りがついて、桃色の凝灰岩で見た目も美しい。年代も享保3年（1718年）から平成20年（2008年）とかなり幅広く、現在も田の神信仰が続いている。

また鹿児島県と宮崎県の分類のことで、注目しなければならないことがある。鹿児島県では圧倒的に田の神舞神職型の石像が多いが、宮崎県では踊っている神体が農民のことが多い。神体が農民であるために農民型とされる。

1. 始良市蒲生町漆365の田の神（写真1）

丸彫りと浮き彫りの中間型の背石型といわれるもので、像の後方は像よりやや幅広く石体が残っている。ただシキの笠が大きく、後ろまで突き出ている。顔面は丸くて表情はつぶれている。胸をはだけた上衣の長い袖はタスキで襷になり、長い袴を着けて半ば腰掛けた姿で、左足は立てて右足は後ろに引いている。両手で大きめのメシゲを斜めに持っている。農作業姿のメシゲ持ち型で、田の神舞を舞う姿とも思われる。右手と左膝頭が傷ついていて残念である。像そのものも大きいが、彫刻が豪放でなかなか立派である。県有形民俗文化財に指定されている。

【享保3年（1718年）、像高108cm、彩色なし】

2. 鹿児島市皆与志町中組の田の神（写真2）

大きくて立派な甑のシキを笠状に被り、布衣にくくり袴姿で前を紐で結び、右手はメシゲを顔横に掲げて左手は椀を持っている。風化が強いが顔の表情は笑っていて、両足を開いて踊っているようにもみえる。後方からは腰板のある長袴姿で、男性根にみえる。

【享保8年（1723年）、像高68cm、彩色なし】

3. 鹿児島市宇宿4丁目32−1の田の神（写真3）

写真1　姶良市蒲生町漆365
の田の神

写真2　鹿児島市皆与志町中
組の田の神

写真3　鹿児島市宇宿4丁目
32−1の田の神

　笠状の分厚いシキを背中まで被り、風化が強く顔の表情などは不明である。長袖の上衣と裁着け袴姿で、右手はメシゲをシキのヘリに置き、左手には椀を持っている。上半身を斜めに構え、右足を少し高く上げて、沓を履いて躍動的な姿態である。

【享保10年（1725年）、像高97cm、彩色なし】

4．姶良市蒲生町北中北久目神社の田の神（写真4）

　分厚くて大きなシキを肩まで被り、長袖の上衣と脚絆を巻いた裁着け袴姿で、右手でメシゲを胸に当てて持ち左手は輪を作っている。穏やかな表情で、腰板のある袴を紐で結び、棒状のものを差している。後方からは男性根にみえる。シキは緑色で和服と袴はピンク色。

【享保10年（1725年）、像高72cm、彩色あり】

5．鹿児島市山田町札下の田の神（写真5）

　大きな瓶のシキを頭巾のように被り、顎鬚を蓄えて筒袖の上衣に裁着け袴姿で、正方形の台座二枚と八角形の台座および雲竜紋の台座の上に立つ。左手に椀を持っている。右手は欠損して不明であるが、メシゲを持っていたものと思われる。市の有形民俗文化財に指定。

【享保12年（1727年）、像高79cm、彩色なし】

6．霧島市隼人町松永下小鹿野の田の神（写真6）

写真4　姶良市蒲生町北中北久目神社の田の神　写真5　鹿児島市山田町札下の田の神　写真6　霧島市隼人町松永下小鹿野の田の神

　背中から腰までの長いシキを被り、風化が強く顔の表情は分からない。布衣と裁着け袴姿で前を紐で結び、右手はメシゲを立てて顔横に掲げて持ち、左手には椀を持った痕跡がある。

【享保16年（1731年）、像高67cm、彩色なし】

7.　鹿児島市東佐多浦東下の田の神（写真7）

　編目の大きなシキを被り、布衣と裁着け袴姿で、右手はメシゲを顔横に掲げて持ち、左手には椀を持っている。右足を前に出して、真剣な表情で舞っているようにみえる。顔は白色で、衣は赤茶色に彩色されている。市の有形民俗文化財に指定されている。

【享保21年（1736年）推定、像高94cm、彩色あり】

8.　鹿児島市郡山町上園の田の神（写真8）

　大きな甑のシキを被り、風化が強く顔の表情は不明である。布衣に括り袴姿で立っている。右手はメシゲを顔横に立てて持ち、左手には椀を持っている。後方からは長袴にみえて、前後で袴の種類が異なる。また後方からは男性根にもみえる。市の有形民俗文化財に指定。

【元文元年（1736年）、像高80cm、彩色なし】

9.　鹿児島市喜入町旧麓の田の神（写真9）

　総髪でシキを被り、風化が強く顔の表情は不明である。長袖の上衣と裁着け

写真7　鹿児島市東佐多浦東　写真8　鹿児島市郡山町上園　写真9　鹿児島市喜入町旧麓
下の田の神　　　　　　　　の田の神　　　　　　　　の田の神

袴姿で、右手にメシゲ、左手には短いスリコギを持って立っている。大きくて
丸い顔で、身を乗り出すような格好をして舞おうとしているのかも知れない。
後方からは男性根にみえる。

【元文元年（1736年）、像高58cm、彩色なし】

10. 薩摩川内市入来町浦之名松下田の田の神（写真10）

　前面の欠けたシキを被り、胸開きの長袖の上衣と裁着け袴姿をして、目・
鼻・口がはっきりとして遠くを見ている。右手はメシゲを顔横に掲げて持ち、
左手は腰紐を掴んで舞っている姿である。上衣とメシゲはベンガラ色で彩色さ
れている。後方からは男性根にみえ、市の有形民俗文化財に指定されている。

【元文2年（1737年）、像高59cm、彩色あり】

11. 姶良市平松触田稲留神社の田の神（写真11）

　シキを被り布衣と裁着け袴姿で、右手はメシゲを顔横に掲げて持ち、左手に
は椀を持つ。垂れ目で口を開けて、左膝を前に出し神主の格好をしている。タ
スキ掛けの田の神舞の場面で、翻った袂は躍動的である。メシゲと顔がベンガ
ラ色で彩色されている。メシゲから顔、左肩と石像にひびが入っているのが残
念である。市の有形民俗文化財に指定されている。

【元文2年（1737年）、像高94cm、彩色あり】

12. 日置市東市来町湯之元の田の神（写真12）

写真10　薩摩川内市入来町
浦之名松下田の田の神

写真11　姶良市平松触田稲
留神社の田の神

写真12　日置市東市来町湯
之元の田の神

　大きなシキを笠状に被り、シキの編目が丁寧に刻まれている。顔の表情も
笑っているのが分かり、舞う時に被る田の神面の表情を再現しているものと思
われる。上衣の袖はやや長く、首と胸に飾りが付いている。袴は前からみると
括り袴であるが、後ろからは長袴が地についており、前後が違うのは、長袴か
ら短袴に変化する過渡期の現象と考えられている。右手は笠のところまで上げ
て、持っているメシゲが笠の上面に彫られているのは、メシゲを立てて彫るの
が困難であったからかも知れない。左手には大きな椀を持って、神舞の感じが
よく表現されている。県の有形民俗文化財に指定されている。
【元文4年（1739年）、像高74cm、彩色なし】

13. 鹿児島市川上町の田の神（写真13）

　表面に編目を丁寧に刻んだ傘状の大きなシキを被り、顔は庶民的な笑顔がよ
く表現されている。袖のやや長い上衣に、腰板のついた裁着け袴を着けて、共
石の上に腰を下ろした形になっている。足には沓を履いて、右手はメシゲ、
左手にはスリコギを並べて立てて持っている。メシゲとスリコギは笠の縁に着
けて補強されている。全体に活動的な格好で、田の神舞を踊っている感じがあ
り、よく調和のとれた石像である。衣と袴の一部にベンガラ色が残る。県の有
形民俗文化財に指定されている。
【寛保元年（1741年）、像高82cm、一部にベンガラ色】

写真13　鹿児島市川上町の
田の神

写真14　日置市伊集院町下
谷口の田の神

写真15　鹿児島市春山町森
園の田の神

14. 日置市伊集院町下谷口の田の神（写真14）

　笠状にシキを被り、風化が強く顔の表情などは不明である。布衣と腰板のある裁着け袴姿で、右手にメシゲ、左には椀を持っている。右足を前に出して腰をかがめて躍動的な姿である。珍しく背にワラツトを背負い後方からは男性根にみえる。

【元文2年（1737年）、像高100cm、ベンガラ色が残る】

15. 鹿児島市春山町森園の田の神（写真15）

　前面の欠けた甑のシキを笠状に被り、風化が強く顔の表情などは不明である。右手はメシゲを顔横に掲げて持ち、左手には椀を持つ。布衣と腰板のある裁着け袴姿で、雲竜紋の台石の上に立っている。

【寛保3年（1743年）、像高83cm、彩色なし】

16. 姶良市大山東大峰の田の神（写真16）

　頭を丸め鉄兜状のシキを被り、筒袖の上衣に襞のある長袴で、右手にメシゲを持ち左手は欠損している。羽織とメシゲは赤色、袍は黒色。顔の額には皺があり、その顔横にメシゲを逆さに持ち、棒切れを刀状に腰にさす。

【寛延4年（1751年）、像高73cm、彩色あり】

17. 鹿屋市野里町山下の田の神（写真17-A，17-B）

　シキを頭巾風に垂らして被り、シキには渦巻き編目紋が克明に刻まれてい

写真16　姶良市大山東大峰の田の神

写真17－A　鹿屋市野里町山下の田の神

写真17－B　鹿屋市野里町山下の田の神

る。顔の表情は可愛らしく、袖の長い上衣のところに、特有の胸飾りがついている。袴は前から見ればくくり袴のような短袴であるが、後面には裾のような物が垂れていて長袴にみえる。胸や膝の突き出た立像である。右手はメシゲを垂れて持ち、左手には舞用の鈴を持つので田の神舞の石像である。メシゲ・鈴持ち神舞型で、県の有形民俗文化に指定されている。

【寛延4年（1751年）、像高77cm、彩色なし】

18. 鹿児島市花尾町茄子の田の神（写真18）

　広袖の上衣に裁着け袴姿で、右手は柄だけのメシゲを持ち、左手はスリコギを顔横に立てて持つ。膨らむ頬に笑顔の眉目で口を開いている。レプリカが黎明館にある。市の有形民俗文化財に指定。

【宝暦3年（1753年）、像高78cm、彩色なし】

19. 鹿児島市谷山中央4丁目木之下の田の神（写真19）

　大きなシキを阿弥陀に被り、狩衣様の上衣に指貫風の袴で、右手にメシゲ、左手に椀を持つ。風化が強く顔の表情などは不明。後方からは男性根にみえる。市の有形民俗文化財に指定されている。

【宝暦6年（1756年）、像高73cm、彩色なし】

20. 霧島市溝辺町祝儀園竹子の田の神（写真20）

　兜様にシキを肩まで被り、長袖の上衣に腰板のある長袴姿で、右手にメシゲ

写真18　鹿児島市花尾町茄　写真19　鹿児島市谷山中央4　写真20　霧島市溝辺町祝儀
子の田の神　　　　　　　　丁目木之下の田の神　　　　園竹子の田の神

を持ち左手は膝の上。上衣はベンガラ色、袴は黒色に彩色されている。市の有
形民俗文化財に指定されている。

【宝暦12年（1762年）、像高57cm、ベンガラ色が残る】

21.　姶良市加治木町隈原神社横の田の神

　シキを被り布衣と裁着け袴姿で、右手でメシゲを持ち左手は不明。顔半分が
損壊されている。右足を前に出し左足は膝をつく。

【宝暦13年（1763年）、像高50cm、彩色なし】

22.　鹿児島市谷山中央7丁目辻之堂の田の神

　総髪に大きなシキを被り、布衣にくくり袴姿で、右手はメシゲを顔の横に掲
げて持ち、左手には鈴様のものを持つ。風化が強く顔の表情は不明である。ベ
ンガラ色が残るが、以前は酸化鉄で化粧していたとのこと。

【宝暦年間（1751〜1764年）、像高70cm、彩色あり】

23.　曽於市大隅町中之内入角の田の神（写真21）

　シキを肩まで被り、風化が強く顔の表情などは不明である。布衣と括り袴姿
で立っている。右手にメシゲを持ち左手には椀を持って、右足を前に出して躍
動的である。

【明和2年（1765年）、像高66cm、彩色なし】

24.　曽於市末吉町深川南山中顕彰館の田の神（写真22）

シキを肩まで被り布衣と括り袴姿で、右手はメシゲを頭上に掲げて持ち、左手には椀を持って、笑みを浮かべている。右足を前に出して田の神舞を舞っているようである。

【明和6年（1769年）、像高85cm、彩色なし】

25. 曽於市末吉町諏訪方中原の田の神

　シキを被り布衣に裁着け袴姿で、右手にメシゲ、左手にはスリコギを持つ。個人宅のもので、目・鼻・口がはっきりと描かれている。

【明和9年（1772年）、像高60cm、彩色なし】

26. 鹿児島市薬師2丁目の田の神（写真23）

　顔の損傷がひどく表情などは不明である。大きな笠状のシキを被り、広袖の上衣と裁着け袴姿で右手は椀を揚げて持ち、左手は膝の上に置き持ち物は不明である。上衣は長い袖を左右に振り分け、足を開いて田の神舞を舞っているようでもある。大きな自然石に浮き彫りにされ、躍動感のある姿態。

【安永2年（1773年）、像高144cm、彩色なし】

27. 日置市伊集院町飯牟礼の田の神

　肩までシキを被り、風化が強く顔の表情などは不明である。布衣に裁着け袴姿で右足を前に出して立っている。右手はメシゲを顔近くに立てて持ち、左手には椀を持って背にはワラツトを背負う。

写真21　曽於市大隅町中之内入角の田の神

写真22　曽於市末吉町深川南山中顕彰館の田の神

写真23　鹿児島市薬師2丁目の田の神

【安永2年（1773年）、像高71cm、ベンガラ色が残る】

28. 姶良市加治木町於里の田の神

　前面の欠けたシキを肩まで被り、面長顔で一部改修されたようであるが、目・鼻・口がはっきりとしている。短袖の上衣と裁着け袴姿で、両手で大きなメシゲを持って立っている。

【安永3年（1774年）、像高66cm、彩色なし】

29. 姶良市平松山之口重富公園の田の神（写真24）

　シキを背中まで被り、布衣と裁着け袴姿で足の部分はセメント付けされている。風化が強く顔の表情などは不明である。白く塗られている。右手に鈴、左手には棒状の物を持って立ち、布衣には宝珠の文様が入れられている。

【安永4年（1775年）、像高76cm、彩色なし】

30. 志布志市松山町新橋豊留下の田の神（写真25）

　人家の庭に祀られており、市の有形民俗文化財に指定されている。シキは背に広く垂れており、水干風の上衣に裁着け袴姿で、右手にスリコギ、左手に椀を持っている。総髪が黒く塗られており、満面笑顔で着衣にベンガラ色が残っている。小野重朗先生は「この顔の表情は、もどきの芸などにみられる複雑な意味のある笑いであり、面白く農耕者の生活哲学を表す田の神舞にみられる笑顔である」と述べられている。

【安永6年（1777年）、像高76cm、彩色あり】

31. 日置市東市来町湯田堀内の田の神

　丸顔で風化が強く、顔の表情などは不明である。被り物はなく布衣と裁着け袴姿で立っている。右手はメシゲを立てて顔横に掲げて持ち、左手は下に下げて椀を持っている。自然石に浮き彫りされている。もう一体の田の神や他の石像群などと並んでいる。

【安永6年（1777年）、像高97cm、彩色なし】

32. 曽於市末吉町深川堂園の田の神（写真26）

　総髪の頭に頭巾様のシキを肩まで被り、布衣に裁着け袴姿で、左足を前に出して腰掛けている。風化が強く顔の表情などは不明である。顔は白く塗られており、右手はメシゲ、左手には椀を持ち、右膝の前に孔があり花瓶が置いてある。後方からは男性根にみえる。市の有形民俗文化財に指定されている。

写真24　姶良市平松山之口
重富公園の田の神

写真25　志布志市松山町新
橋豊留下の田の神

写真26　曽於市末吉町深川
堂園の田の神

【安永6年（1777年）、像高69cm、彩色あり】

33.　霧島市国分川内（かわうち）の田の神

　シキの様に大きな石を載せて、長袖の和服と袴姿で、右手にメシゲを持ち左手は孔を作っている。足の部分はない。

【安永6年（1777年）、像高75cm、彩色なし】

34.　姶良市鍋倉宇都の田の神

　シキを被り短袖の上衣に差袴姿で持ち物は不明。顔は白、シキは青黒、衣は茶色に彩色されている。

【安永6年（1777年）、像高55cm、彩色あり】

35.　鹿児島市武1丁目武幼稚園の田の神

　肩までの大きなシキを被り、狩衣風上衣と裁着け袴姿で、右手はメシゲを高く揚げ、左手には椀を持ち、右足を挙げている。大きな自然石に浮き彫りされている。

【安永7年（1778年）、像高160cm、彩色なし】

36.　鹿児島市伊敷町6丁目新村の田の神（写真27）

　大きなシキを被り、広袖の上衣に裁着け袴姿で、右手はメシゲ、左手には椀を持つ。衣の袖を大きく広げた像が、自然石に浮き彫りされている。市の有形民俗文化財に指定されている。

【安永7年（1778年）、像高114cm、彩色なし】

37. 鹿児島市花尾町大平公民館の田の神

　三面にシキを被り、広袖の上衣と裁着け袴姿で、右手にメシゲ、左手には椀を持つ神職像が浮き彫りされている。この田の神は、早馬神と一体の石像で大変珍しいものである。

【安永7年（1778年）、像高90cm、彩色なし】

38. 霧島市国分上小川久満崎神社の田の神

　肩までシキを被り、長袖の上衣と裁着け袴姿で、右手はメシゲを顔横に掲げ、左手は不明であるが椀と思われる。風化が強く顔の表情などは不明。首と右上半身はセメント付けされている。

【安永7年（1778年）、像高95cm、彩色なし】

39. 姶良市寺師酒田の田の神（写真28）

　頭を丸めて肩までシキを被り、短袖の上衣に長袴姿をして、両手で大きなメシゲを持つ。風化が強く顔の表情などは不明である。巨大な石を丸彫りした大きな田の神である。祈祷師の教えで現在地に。メシゲと衣はベンガラ色に彩色されている。

【安永7年（1778年）、像高125cm、彩色あり】

40. 姶良市加治木町小山田徳永の田の神

　前面の欠けたシキを肩まで被り、長袖の上衣と裁着け袴姿で石に腰かけた格好である。風化が強く顔と両手は破損が強い。大きくて長い袴をはき、右膝を立てて動きのある姿で面白い。市の有形民俗文化財に指定されている。

【安永8年（1779年）、像高70cm、彩色なし】

41. 曽於市財部町北俣閉山田の田の神

　大きなシキを肩まで被り、広袖の和服に裁着け袴姿で、右手でメシゲを顔横に掲げて持ち、左手には椀を持つ。後方からは男性根にみえる。個人宅地にあったものを、現在は公民館に安置。

【安永8年（1779年）、像高53cm、彩色なし】

42. 姶良市蒲生町米丸中村の田の神

　大きくて分厚いシキを被り、長袖の上衣に長袴姿で、右手にメシゲを持ち左手は不明である。中央に柄がありその先に括ったものが下がる。個人宅の庭隅

写真27　鹿児島市伊敷町6丁　　写真28　姶良市寺師酒田の　　写真29　姶良市蒲生町中福
目新村の田の神　　　　　　　　　田の神　　　　　　　　　　　良の田の神

に祀られている。

【安永8年（1779年）、像高72cm、彩色不明】

43.　姶良市蒲生町中福良の田の神（写真29）

　シキを被り長袖の和服と裁着け袴で、右手でメシゲを顔横に掲げて持ち、左手には扇子を持つ。長方形の石材に浮き彫りされている。顔は白、他は黒色。公民館内に安置されている。

【安永9年（1780年）、像高87cm、彩色あり】

44.　鹿屋市祓川町川東の田の神

　シキを肩まで被り、長袖の和服に襞の多い長袴姿で、風化が強く顔の表情など不明で両手も破損している。袴の襞の流れるような動きが躍動的である。

【安永9年（1780年）、像高47cm、彩色なし】

45.　志布志市志布志町安楽中島の田の神（写真30）

　笠状のシキを被り袍と括り袴で、右膝に右手のメシゲを当て、左手は欠損している。背に袴の腰板があり、愉快に笑った表情が印象的である。以前は持ち回りであったが、大正初期に現在地に移設されている。ベンガラ色と緑色の彩色の痕跡がある。

【安永年間（1772～1780年）、像高58cm、彩色あり】

46.　霧島市国分宮内鹿児島神宮の田の神（写真31－A，31－B）

写真30　志布志市志布志町
安楽中島の田の神

写真31－Ａ　霧島市国分宮内
鹿児島神宮の田の神

写真31－Ｂ　霧島市国分宮内
鹿児島神宮の田の神

　神田の敷地に祀られている。ワラの編目のついた大きなシキを被り、その前縁を上に折り曲げた形になっており、そのために後方からみると、縦径が53cmもある大きなものになっている。灰白色のやや粗い火成岩で作られているが、風化は余り進んでいない。顔面はややつぶれているが、相貌ははっきりしており、横幅が広く顎鬚を蓄えている。田の神舞は翁面を被って舞うことが多いので、それをモデルにして作像しているものと考えられている。袖のやや長い上衣にくくり袴を着て、両股は丸く沓を履いている。県有形民俗文化財に指定されている。

【天明元年（1781年）、像高83cm、彩色なし】

47.　姶良市大山公民館前の田の神（写真32）

　頭を丸め笠状のシキを被り、シキはそのまま背石になっている。長袖の上衣に襞のある長袴姿をして、両手で大きなメシゲを持つ。風化が強く顔の表情などは不明である。上顔面が黄色、メシゲはベンガラ色に彩色されている。

【天明元年（1781年）、像高110cm、彩色あり】

48.　姶良市下名中川原の田の神（写真33）

　頭を丸めて大きなシキを被り、長袖の上衣にタスキ掛けして襞の多い袴姿。右手にメシゲを持つが左手は不明。風化が強く顔の表情なども不明である。両足を覗かせて大きな自然石に浮き彫りされている。上衣と袴はベンガラ色が残

写真32　姶良市大山公民館
前の田の神

写真33　姶良市下名中川原
の田の神

写真34　薩摩川内市祁答院
町藺牟田大坪の田の神

る。

【天明元年（1781年）、像高90cm、彩色あり】

49. 薩摩川内市祁答院町藺牟田大坪の田の神（写真34）

　前面が欠けたシキを被り、タスキ掛けの広袖の上衣に襞の多い長袴姿で、右手にメシゲを持つが左手は不明。ひどい下がり目と上がり口、柄の曲がったメシゲ、袴の襞の線などユニークな石像である。黒小豆色と白の彩色がなされている。

【天明2年（1782年）、像高70cm、彩色あり】

50. 垂水市田神原田の田の神

　頭巾風に背中までシキを被り、布衣に裁着け袴姿で右手はメシゲを顔横に掲げて持ち、左手には椀を持つ。風化が強く顔の表情など不明。右足を立てて座っている。

【天明2年（1782年）、像高58cm、彩色なし】

51. 都城市横市町馬場の田の神（写真35）

　大きなトーチカの上に祀られている。丸顔で素朴な表情。大きくて分厚いシキを被り、袖の大きな上衣と裁着け袴姿で、右手はメシゲを顔横に掲げて持ち、左手は椀を持っている。左足を前に出して目をつぶり、静かに舞を舞っているようでもある。後方からは男性根にみえる。

【天明2年（1782年）、像高68cm、ベンガラ色】

52. 曽於市末吉町諏訪方白毛の田の神

　笠状のシキを被り、布衣と裁着け袴姿で右手にメシゲ、左手には椀を持つ。個人宅地に祀られている。

【天明2年（1782年）、像高76cm、彩色なし】

53. 姶良市蒲生町米丸小川内の田の神

　親しみのある顔をして、頭を丸めてシキを被り、長袖の上衣と長袴姿で、右手にメシゲ、左手には扇子を持つ。シキの下部はそのまま背石になり、像を支えている。顔は白、腰紐は赤色に彩色されている。

【天明4年（1784年）、像高54cm、彩色あり】

54. 霧島市横川町下ノ馬場公民館の田の神

　シキを被り長袖の上衣と袴姿で、両手でメシゲを下にして、今にも踊り出しそうである。全体的にこげ茶色で、顔と胸が白色に彩色されている。以前は持ち回りで現在は公民館に安置されている。

【寛政4年（1792年）、像高62cm、彩色あり】

55. 姶良市北山中瓶岸薗の田の神

　笠状のシキを被り、短袖の上衣に袴姿をして両手でメシゲを持つ。顔は白、他は黒色に彩色されている。持ち回りの田の神である。

【寛政5年（1793年）、像高25cm、彩色あり】

56. 日置市東市来町上伊作の田の神

　風化が強く顔の表情や被り物など不明である。長袖の上衣に短袴姿で、右手にメシゲを立てて持ち左手には椀を持つ。大きな自然石に浮き彫りされている。

【寛政11年（1799年）、像高120cm、彩色なし】

57. 鹿児島市伊敷町7丁目10の田の神（写真36）

　大きなシキを被り、広袖の上衣に裁着け袴姿で、右手はメシゲ、左手には椀を持つ。足に脚絆を巻き、腰に蓑を纏う。自然石に浮き彫りされている。市の有形民俗文化財に指定されている。

【寛政12年（1800年）、像高85cm、彩色なし】

58. 姶良市三拾町（左側）の田の神（写真37）

写真35　都城市横市町馬場
の田の神

写真36　鹿児島市伊敷町7丁
目10の田の神

写真37　姶良市三拾町（左
側）の田の神

　シキを被りタスキ掛けの長袖の上衣と、襞の多い長袴姿で、両手で大きなメ
シゲを持つ。風化が強く顔の表情などは不明である。メシゲと衣などがベンガ
ラ色に彩色されている。

【享和2年（1802年）、像高95cm、彩色あり】

59. 姶良市加治木町中福良後の田の神

　シキを被り長袖の上衣と袴姿で、両手でメシゲを持ち、背中にワラヅトを背
負う。以前は持ち回りであったが、現在は公民館内に安置されている。

【文化2年（1805年）、像高40cm、彩色不明】

60. 姶良市下名西田の田の神（写真38）

　シキを被りタスキ掛け上衣と袴姿で、右手にメシゲを持ち左手はシキの下に
置く。曲がったメシゲや眼尻が下がった目などユーモラスな石像である。シキ
と体全体が茶褐色で、盗難防止のためにコンクリートで固定されている。市の
有形民俗文化財に指定されている。

【文化2年（1805年）、像高98cm、彩色あり】

61. 姶良市木津志堂崎の田の神（写真39）

　シキの笠を頭巾風に被って大きな顔を突き出し、上衣の袖はタスキで持ち上
げられている。袴の足は歩き出した格好である。メシゲを両手で持って飯をす
くう姿で、袴は一回よじってはいている。この滑稽な服装や田の神舞に登場す

る翁面に似た顔などが、この石像の特徴である。市の有形民俗文化財に指定されている。

【文化2年（1805年）、像高100cm、彩色なし】

62. 姶良市下名中川原の田の神

　丸いシキを被り、長袖の上衣と袴姿をして、両手でメシゲを持つ。顔・胸・メシゲは白色、他は濃い灰色に彩色されている。持ち回りの田の神である。

【文化2年（1805年）、像高35cm、彩色あり】

63. 曽於市財部町北原刈原田の田の神（写真40）

　分厚い甑のシキを被り、顔は右側にひきつったような様相で、短袖の上衣に裁着け袴姿で立っている。両手でメシゲを持ち、躍動的で田の神舞を踊っているようである。衣が薄い茶色に彩色。

【文化8年（1811年）、像高78cm、彩色あり】

64. 霧島市牧園町田原公民館の田の神

　風化が強く、被り物や顔の表情などは不明である。長袖の上衣と長袴姿で、両手で大きなメシゲを持つ。65cmの石碑に、像が浮き彫りされている。

【文化11年（1814年）、像高65cm、彩色なし】

65. 姶良市下名古馬場上の田の神

　帽子風にシキを被り、長袖の上衣と袴姿、両手でメシゲを持つ。左足を前に

写真38　姶良市下名西田の田の神　　写真39　姶良市木津志堂崎の田の神　　写真40　曽於市財部町北原刈原田の田の神

出し、躍動的である。顔、両手とメシゲは白、上衣は青色に彩色されている。
持ち回りの田の神である。

【文化11年（1814年）、像高68cm、彩色あり】

66. 霧島市牧園町中津川横瀬（右）の田の神

　長袖の和服と袴姿、両手でメシゲを持ち右足は胡座をかく。白い顔に黒い眉
があり、衣の一部は茶色に彩色されている。

【文化12年（1815年）、像高76cm、彩色あり】

67. 鹿児島市坂元町川添の田の神

　肩までシキを被り、狩衣風の上衣と裁着け袴姿で、右手はメシゲを顔横に掲
げて持ち、左手には握り飯様のものを持つ。風化が強く顔の表情などは不明。
右膝を曲げて躍動的である。

【文化13年（1816年）、像高85cm、彩色なし】

68. 姶良市加治木町西反土の田の神

　頭巾風のシキを被り、着流しの着物。両手でメシゲを持つ。顔を前に突き出
し、右膝を曲げて左足を前に出し、笑いながら踊っている様子で、首元の皺か
らかなり高齢者と思われる。アルミフェンスの祠の中に祀られている。顔は
白、赤い口紅が施され、他は薄い茶色に彩色されている。

【文政元年（1818年）、像高59cm、彩色あり】

69. 霧島市牧園町万膳府鳥の田の神

　蓑笠を着けて、両手で大きなメシゲを持つ像が、大きな自然石に浮き彫りさ
れている。片足を胡坐に組んで、笠状の石が載せてある。非常に珍しい石像
で、神像型との混合型かも知れない。

【文政4年（1821年）、像高86cm、彩色なし】

70. 霧島市横川町中ノ下植村②の田の神

　シキを被り長袖の上衣と袴姿で、右手にメシゲを持ち左手は不明である。

【文政8年（1825年）、像高51cm、彩色なし】

71. 姶良市北山山花の田の神

　帽子状のシキを被り、広袖の上衣と裁着け袴をして右手メシゲ、左手には椀
を持つ。顔と胸は肌色、他は灰色から黒色に彩色されている。持ち回りの田の
神である。

【文政9年（1826年）、像高29cm、彩色あり】

72. 鹿屋市串良町有里中郷の田の神（写真41）

笠状のシキを被り、風化が強く顔の表情などはよくは分からない。布衣に裁着け袴姿で右膝を立てて座っている。右手はスリコギを立てて持ち、左手にはメシゲを胸に当てて持っている。右足を立てて躍動的である。市の有形民俗文化財に指定されている。

【天保5年（1834年）、像高72cm、彩色なし】

73. 霧島市牧園町万膳下万膳の田の神

大きな笠状のシキを被り、右手にメシゲ、左手には椀を持つ。笠は赤、顔は白、衣は黒色に彩色されている。以前は持ち回りで現在は公民館内に安置されている。

【天保7年（1836年）、像高27cm、彩色あり】

74. 姶良市加治木町新開の田の神

シキを被り長袖の和服と袴姿で、右手にメシゲ、左手には椀を持つ。どこか女性的な顔立ちで優しそうである。墨塗りの陶器を思わせる地肌である。個人宅の田の神である。

【天保11年（1840年）、像高30cm、彩色なし】

75. いちき串木野市生野下石野②の田の神（写真42）

笠状のシキを肩まで被り、長袖の上衣と裁着け袴姿をして、右手はメシゲを顔横に掲げて持ち、左手には椀を持つ。風化が強く詳細は分からないが、かがみこんで舞を踊っているようにもみえる。メシゲにベンガラ色が残る。個人宅の田の神である。

【天保13年（1842年）、像高65cm、彩色あり】

76. いちき串木野市野元の田の神

笠状のシキを被り広袖の上衣に裁着け袴姿、右手で大きなメシゲを立てて持ち、左手には椀を持っている。風化が強くシキの一部は破損して、顔の表情などは不明である。後方からは男性根にみえる。

【天保15年（1844年）、像高68cm、彩色なし】

77. 姶良市加治木町日木山里の田の神（写真43）

個人宅の庭先に祀られている。ワラの編目が丁寧に刻まれた典型的な甑のシ

写真41　鹿屋市串良町有里
中郷の田の神

写真42　いちき串木野市生
野下石野②の田の神

写真43　姶良市加治木町日
木山里の田の神

キを被り、長袖の上衣と裁着け袴姿で右手のメシゲを右膝の前で持ち、左手は
シキを支えて今にも踊り出しそうである。笑みいっぱいの顔を巧みに表現し、
袖がタスキで短くたくし上げられた躍動的な石像である。石工名島喜六の作
で、旧加治木町の有形民俗文化財に指定されていた。

【天保年間（1830〜1843年）、像高82cm、彩色なし】

78.　南九州市頴娃町御領の田の神（写真44）

　大きなシキを被り布衣と括り袴姿で、右手は
棒状のものを持ち、左手には顔横にメシゲを持
つ。風化が強く顔の表情などは不明である。腰
に縄で包みの様なものを下げる。庄屋、名主、
名頭、石工の名が刻まれて、当時の社会構造を
知ることができる。後方からは男性根にみえ
る。市の有形民俗文化財に指定されている。

【弘化4年（1847年）、像高61cm、彩色なし】

79.　霧島市国分広瀬小村新田の田の神

　シキを帽子状に被り、長袖の上衣と裁着け袴
姿で、右手にメシゲ、左手には椀を持っていた
が、現在は破損している。風化が強く顔の表情

写真44　南九州市頴娃町御
領の田の神

などは不明。神祠に保食神の三体と並んでいる。以前は堤防付近の遊水池付近にあったとのことで、近くの加治木石で作られている。

【弘化4年（1847年）頃、像高100cm、彩色なし】

80. 日置市東市来町湯田堀内②の田の神

被り物は不明、丸顔で下がり目の優しい表情で、長袖の上衣と短袴姿。右手はメシゲを顔横に掲げて持ち、左手には椀を持つ。大きな自然石に浮き彫りされている。

【弘化5年（1848年）、像高120cm、彩色なし】

81. 霧島市国分下井の田の神

一部破損したシキを被り、布衣と裁着け袴姿で、風化が強く顔の表情などは不明である。右手はメシゲを顔横に持ち、左手には椀を持っている。昭和11年の検校川氾濫で現在地に移設された。

【嘉永4年（1851年）頃、像高88cm、彩色なし】

82. 曽於市末吉町歴史民俗資料館の田の神

甑のシキを肩まで被り、胸開き短袖の上衣と裁着け袴姿で、右手はメシゲを顔横に掲げて持ち、左手には椀を持つ。目・鼻・口がはっきりとして、温和な顔で右膝を立てている。

【嘉永5年（1852年）、像高50cm、彩色なし】

83. 霧島市溝辺町竹子木場の田の神（写真45）

頭巾風にシキを被り、長袖の上衣と腰板のある裁着け袴姿で、右手にメシゲ、左手には飯盛り椀を持つ。綺麗に化粧された顔に、笑みを浮かべた表情で、右膝を立てて今にも踊り出しそうである。顔と持ち物は白、衣はこげ茶色に彩色されている。

【嘉永6年（1853年）、像高50cm、彩色あり】

84. 姶良市加治木町川内の田の神

シキを被り長袖の和服に袴姿で、右手に大きなメシゲを持つ。個人持ちの田の神である。

【安政4年（1857年）、像高57cm、彩色なし】

写真45　霧島市溝辺町竹子木場の田の神

85. 姶良市加治木町伊部野の田の神

　シキを被り長袖の和服に袴姿で、右手にメシゲ、左手には椀を持つ。河童を思わせるような可愛い田の神で、公民館内に安置されている。

【万延元年（1860年）、像高29cm、彩色なし】

86. いちき串木野市下名別府旧塩田の田の神

　分厚くて大きなシキを肩まで被り、広袖の上衣に長袴姿で、右手にメシゲを顔横に持ち、左手には椀を持っている。顔は口が大きくて、笑っているような石像が浮き彫りされている。

【文久2年（1862年）、像高75cm、彩色なし】

87. 姶良市寺師長安馬場の田の神

　シキを被り長袖の上衣に裁着け袴姿で、右手にメシゲ、左手には椀を持つ。顔は肌色、持ち物は白、シキと衣は黒色に彩色されている。持ち回りの田の神である。

【文久2年（1862年）、像高30cm、彩色あり】

88. いちき串木野市下名酔之尾高田の田の神

　頭を丸めて広袖の上衣に袴姿で、右手にメシゲ、左手には椀を持つ像が浮き彫りされている。頭上にシキ様に被り物が作られている。風化が強く顔の表情などは不明である。

【文久3年（1863年）、像高70cm、彩色なし】

89. 姶良市加治木町仮屋敷の田の神

　甑のシキを被り、右手はメシゲを持ち左手はシキを抱える。上衣の袖を肩までたくしあげタスキ掛け。満面の笑顔で、田中の田口宅から寄贈されている。

（郷土史館蔵）

【明治元年（1868年）、像高75cm、彩色なし】

90. 霧島市牧園町上中津川下馬場の田の神

　笠状のシキを被り、長袖の和服に袴姿で右手にメシゲ、左手には椀を持つ。持ち回りの田の神である。全体的に黒色、顔と首は白色に彩色されている。

【明治5年（1872年）、像高37cm、彩色あり】

91. 日置市伊集院町下谷口下方限の田の神

　笠状にシキを被り、長袖の上衣に裁着け袴姿で、右手にメシゲを下げて持

ち、左手には椀を持って、左足を前に出す。躍動的だが、背にワラツトを背負っている。一部ベンガラ色が残る。

【明治6年（1873年）、像高78cm、ベンガラ色残る】

92. いちき串木野市川上中組の田の神（写真46）

極端に大きくて分厚いシキを肩まで被り、広袖の上衣に裁着け袴姿で、右手にメシゲ、左手には椀を持って立つ。丸顔で風化が強く、顔の表情などは定かではない。

【明治7年（1874年）、像高110cm、彩色なし】

93. 霧島市隼人町姫城山野温泉の田の神

大きなシキを被り、シキはそのまま背石になっている。長袖の上衣に裁着け袴姿で、右手はメシゲを顔横に掲げて持ち、左手には椀の痕跡がある。足を大きく開いて、今にも踊りそうで躍動的である。

【明治9年（1876年）、像高65cm、彩色なし】

94. 霧島市横川町下ノ下岩穴の田の神（写真47）

頭を丸めて頭巾風にシキを被り、大きく胸の開いた長袖の上衣に襞のある長袴姿で、両膝を立てて座る。右手にメシゲ、左手は椀を膝の上で持つ。顔と首が白、シキは黒、衣は茶色に彩色されている。

【明治10年（1877年）、像高39cm、彩色あり】

95. 霧島市横川町下ノ岩穴の田の神

シキを被り、大きく胸を開いた長袖の和服に袴姿で、右手にメシゲ、左手には椀を持つ。衣は紫茶色で顔と首は白く彩色されている。民家の田の神である。

【明治10年（1877年）、像高39cm、彩色あり】

96. 姶良市下名中川原の田の神

丸いシキを被り長袖の上衣に袴姿で、両手でメシゲを持つ。顔と胸は白、他は濃い灰色で赤の縞あり。持ち回りの田の神である。

【明治13年（1880年）、像高31cm、彩色あり】

97. 姶良市加治木町菖蒲谷（右）の田の神

シキを被り上衣の胸を大きく開いて、右手にメシゲを持ち左手は欠落している。メシゲに製作日が記銘してある。

写真46　いちき串木野市川
上中組の田の神

写真47　霧島市横川町下ノ
下岩穴の田の神

写真48　姶良市船津春花の
田の神

【明治14年（1881年）、像高61cm、顔が白】

98.　姶良市船津春花の田の神（写真48）

　頭を丸めて笠状に大きなシキを背中まで被り、タスキ掛けの長袖の上衣に襞のある袴姿で立っている。左手は大きなメシゲを胸元で持ち、右手は額に当てて遠くを見ているような姿。シキ・顔・両手は白、衣は赤、メシゲは青色に彩色されている。

【明治18年（1885年）、像高70cm、彩色あり】

99.　霧島市国分上之段の田の神（写真49）

　頭巾状にシキを被り、長袖の上衣と裁着け袴姿で、右手はメシゲを顔横に掲げて持ち、左手には椀を持って立っている。左膝を前に出し、風化が強く顔の表情は定かではないが舞を舞っているようである。有村平次郎の記銘あり。顔、メシゲ、衣などベンガラ色が残る。

【明治20年（1887年）、像高59cm、ベンガラ色残る】

100.　霧島市国分上之段飯富神社西の田の神

　前面に欠けたシキを被り、長袖の上衣に裁着け

写真49　霧島市国分上之段
の田の神

袴姿で、右手にメシゲを顔横に掲げて持ち、左手には椀を持っている。顔の表情は定かではないが、左膝を前に出して舞っているようである。冨吉直助の記銘あり。

【明治20年（1887年）、像高63cm、彩色なし】

101. 姶良市北山内甑下の田の神

帽子状のシキを被り長袖の上衣に裁着け袴姿で、右手にメシゲ、左手には椀を持つ。被り物と持ち物は黒、他は白色に彩色。持ち回りの田の神である。

【明治13年（1880年）、像高38cm、彩色あり】

102. 霧島市牧園町上中津川板小屋中の田の神

笠状のシキを被り、長袖の和服に袴姿で、右手にメシゲ、左手には椀を持つ。全体的に黒茶色、顔は白、持ち物は赤色に彩色されている。持ち回りの田の神である。

【明治25年（1892年）、像高30cm、彩色あり】

103. 霧島市横川町上ノ木浦^{きうら}の田の神

シキを被り胸の開いた長袖の和服に袴姿で、右手にメシゲ、左手には椀を持つ。全体的に薄茶色で顔は白、口紅と頬紅が施されている。持ち回りの田の神である。

【明治29年（1896）、像高43cm、彩色あり】

104. 霧島市横川町下ノ前川内公民館の田の神

大きなシキを被り、両膝を立てて野良着姿をして、右手にメシゲ、左手には椀を持つ。顔は白く口紅と頬紅がある。

【明治32年（1899年）、像高33cm、彩色あり】

105. 姶良市加治木町西反土前の田の神

シキを被り長袖の和服と袴姿で、右手にメシゲ、左手には椀を持つ。腹に十字の印があり、顔は白くメシゲは赤い。

【明治33年（1900年）、像高37cm、彩色あり】

106. 霧島市牧園町万膳九日田の田の神

笠状のシキを被り長袖の和服に袴姿で、右手にメシゲ、左手には椀を持つ。全体的に黒茶色、顔が白、口紅がある。持ち回りの田の神である。

【明治36年（1903年）、像高不明、彩色あり】

107. 姶良市加治木町川内の田の神

シキを被り長袖の和服に袴姿で、右手にメシゲ、左手には椀を持つ。個人持ちの田の神である。

【明治41年（1908年）、像高26cm、彩色不明】

108. 霧島市牧園町宿窪田島田の田の神

蓑笠を被り右手に大きなメシゲを持ち、左手は稲穂を肩に掛けている。俵の上に乗って踊っているようにもみえる。記念碑に浮き彫りされている。

【大正4年（1915）、像高130cm、彩色なし】

109. 姶良市大山大山東の田の神

帽子風にシキを被り長袖の上衣に袴姿で、右手にメシゲ、左手には椀を持つ。顔と胸は肌色、衣は灰色から黒色に彩色されている。持ち回りの田の神である。

【大正8年（1919年）、像高38cm、彩色あり】

110. 姶良市加治木町田中公民館の田の神

甌のシキを被り胸開きの長袖の上衣に襞のある長袴姿で、右手はメシゲを顔横に掲げて持ち、左手には椀を持つ。目・鼻・口がはっきりとして笑みを浮かべており、軽い前傾姿勢で舞いを舞っているようにもみえる。持ち回りから現在は公民館に安置されている。

【大正12年（1923年）、像高43cm、彩色なし】

111. 霧島市牧園町万膳東中福良の田の神

笠が一部欠け、長袖の和服に袴姿で、右手にメシゲ、左手には椀を持つ。全体的に黒茶色で、顔が白く彩色されている。

【大正13年（1924年）、像高27cm、彩色あり】

112. 霧島市国分川内本戸の田の神

甌のシキを被り長袖の上衣と襞のある長袴姿で、右手はメシゲを立てて持ち、左手はシキをかざしている。顔の表情は穏やかに微笑んでいる。

【大正14年（1925年）、像高91cm、彩色なし】

113. 姶良市平松触田下の田の神

帽子風にシキを被り長袖の上衣に袴姿で、右手にメシゲ、左手には椀を持つ。顔と胸は肌色で、被り物と衣は濃い群青色に彩色されている。持ち回りの

田の神である。

【昭和3年（1928年）、像高34cm、彩色あり】

114. 鹿児島市郡元1丁目鹿児島大学キャンパスの田の神（写真50）

　前に突き出たシキを被り、タスキ掛けの長袖の上衣と長袴姿で、右手は鈴を持ち、左手は破損しているが以前はメシゲを持っていたとか。編目の管笠を顎紐で結び、あどけない丸顔で今にも踊り出しそうである。

【昭和4年（1929年）、像高116cm、彩色なし】

115. 霧島市隼人町小浜早鈴神社南（右側）の田の神

　頭を丸めて前面の欠けた甑のシキを被り、長袖の上衣に襞のある長袴姿。右手はメシゲを顔横に掲げて持ち、左手には椀を持つ。風化が強く顔の表情などは定かではない。膝から下にかけて体形を細く絞ってある。顔が白く塗られている。

【昭和5年（1930年）、像高65cm、彩色あり】

116. 霧島市隼人町小浜埓里山の田の神

　前面の欠けた甑のシキを被り、長袖の上衣に襞のある長袴姿で、右手はメシゲを顔横に掲げて持ち、左手には椀を持つ。膝から下にかけて体形を細かく絞っているのが特徴。背部の一部に茶褐色あり。

【昭和6年（1931年）、像高55cm、彩色あり】

117. 鹿児島市郡山町有屋田山下家の田の神（写真51）

　先尖りで編目のはっきりとしたシキを被り、腰をかがめて野良着に裸足、右手に立派な鈴を持ち、左手は輪握りで膝の上に置く。細長顔の顎を前に、左足を前に出して、今にも踊り出しそうである。

【昭和7年（1932年）、像高75cm、彩色なし】

118. 霧島市国分川内口輪野の田の神（写真52）

　帽子状にシキを被り、顎鬚を蓄えて布衣と長袴姿で、右手はメシゲを下げて持ち、左手には椀を抱えるように持っている。大きく丸顔で庶民的な笑顔が特徴的。歯も見事に彫ってあり、後方からは男性根にみえる。

【昭和7年（1932年）、像高73cm、彩色なし】

119. 霧島市横川町下ノ小原公民館の田の神

　シキを被り長袖の和服に袴姿で、右手にメシゲ、左手には椀を持つ。顔は

写真50　鹿児島市郡元1丁目 鹿児島大学キャンパスの田の 神　　写真51　鹿児島市郡山町有 屋田山下家の田の神　　写真52　霧島市国分川内口 輪野の田の神

白、全体的に茶色。以前は持ち回りであったが、現在は公民館内に安置されている。

【昭和7年（1932年）、像高39cm、彩色あり】

120. 姶良市加治木町川内の田の神

シキを被り長袖の和服に袴姿で、右手にメシゲ、左手には椀を持つ。個人持ちの田の神である。

【昭和9年（1934年）、像高20cm、彩色不明】

121. 霧島市隼人町松永花山公民館の田の神

大きなシキを阿弥陀に被り、長袖の上衣に裁着け袴姿で、右手はメシゲを顔横に掲げて持ち、左手には椀を持つ。風化が強く顔の表情などは不明である。足を大きく開いており躍動的である。

【昭和10年（1935年）、像高115cm、彩色なし】

122. 伊佐市大口牛尾奈良野の田の神

顎紐のある帽子を被り、広袖の和服姿で、右手にメシゲ、左手には椀を持つ。

【昭和10年（1935年）、像高56cm、彩色なし】

123. 霧島市国分重久剣之宇都の田の神

大きくて分厚いシキを被り、短袖の上衣に袴姿で、右手に鈴を持ち、左手にはメシゲを持っている。左膝を立てて今にも踊り出しそうである。背面は腰まで帯紐を垂らしている。

【昭和11年（1936年）、像高90cm、彩色なし】

124. 姶良市加治木町上木田の田の神

　長袖の上衣に袴姿で、右手にメシゲ、左手には椀を持つ。舌を出した珍しい田の神である。

【昭和14年（1939年）、像高46cm、彩色不明】

125. 姶良市下名中川原の田の神

　シキを被り長袖の上衣に括り袴で、右手にメシゲ、左手には椀を持つ。顔は白、頬紅があり、他はこげ茶色に彩色されている。持ち回りの田の神である。

【昭和24年（1949年）、像高35cm、彩色あり】

126. 霧島市牧園町上中津川上馬場の田の神

　笠状のシキを被り長袖の和服に袴姿で、右手にメシゲ、左手には椀を持つ。顔は白、全体的に灰褐色。持ち回りの田の神である。

【昭和25年（1950年）、像高45cm、彩色あり】

127. 霧島市国分上小川森ノ木の田の神（写真53）

　瓶のシキを被り、長袖の上衣と襞のある長袴姿で、右手はメシゲを立てて持ち、左手には椀を持つ。大きな丸顔に笑顔、福神的目・鼻・口が巧妙に描かれている。

【昭和31年（1956年）、像高90cm、彩色なし】

128. 姶良市加治木町川内の田の神

　シキを被り長袖の和服に袴姿で、右手にメシゲ、左手には椀を持つ。持ち回りから個人持ちの田の神となる。

【昭和31年（1956年）、像高24cm、彩色不明】

129. 姶良市平松触田上の田の神

　帽子状にシキを被り長袖の上衣に袴姿で、右手にメシゲ、左手には椀を持つ。顔は白、被り物と衣は濃い群青色に彩色されている。持ち回

写真53　霧島市国分上小川森ノ木の田の神

りの田の神である。

【昭和35年（1960年）、像高24cm、彩色あり】

130. 日置市東市来町湯田竪山の田の神

　円盤状の分厚いシキを被り、長袖の上衣を着て両下肢と足先が見えている。右手はメシゲを顔横に掲げて持ち、左手には飯盛り椀を持つ。中腰の姿勢で顔は笑みを浮かべており、舞っている姿と思われる。中に何か入れているのか、背中が膨らんでみえる。

【昭和63年（1988年）、像高78cm、彩色なし】

131. 霧島市霧島田口前田の田の神

　シキを被り長袖の和服と袴姿で、右手にメシゲ、左手には椀を持つ。平成13年に耕地整理が完了した際に建立された。

【平成13年（2001年）、像高59cm、彩色なし】

132. 霧島市国分重久道場口の田の神

　大きなシキを被り布衣と裁着け袴姿で、右手はメシゲを顔横に掲げて持ち、左手は椀を抱えるように持つ。右膝を立てて、目・鼻・口もはっきりとして真剣な表情である。日清戦争碑再利用と文字がある。

【平成20年（2008年）、像高65cm、彩色なし】

133. 霧島市福山町小廻大玉神社（右側）の田の神

　肩までシキを被り、長袖の上衣と襞のある長袴姿で、右手はメシゲを顔横に掲げて持ち、左手には椀を持つ。以前は別の田の神（寛保元年、1741年）があったとのこと。

【平成20年（2008年）、像高40cm、彩色なし】

C. その他

【I】農民型（都城型、高岡型を含む）

　農民型の田の神石像の特徴については、①都城市高城町穂満坊の田の神のように享保年間の作品もあり、かなり古い時代から作製されていること、②一般的には農民たちの生活場面や農作業などを表現したものが多く、ほとんどの地域で作られており、石像の数も非常に多いこと、③特にえびの市など、平成時代のごく新しい作品も多く、田の神信仰が現在でも受け継がれている地域が多くあること、④宮崎県での田の神舞を踊っている農民型のいくつかは、鹿児島県では田の神舞神職型に分類されそうである。だが、あくまでも石像の神体が農民か神職かによって分類されるべきと考えられる。以上があげられる。

　作製年代が判明している農民型の石像は185体ある。一方年代不詳の作品は297体で、やはり年代不詳のものが圧倒的に多い。

1. 都城市高城町穂満坊の田の神（写真1）

　大きなシキを被り広袖の着物に長袴姿で、右手にメシゲを立てて持ち、左手には椀を持って立っている。シキや胸元そして両手の持ち物は黄色、顔は灰色、着物は赤のベンガラ色に彩色されている。くっきりとした目と垂直に立てたメシゲなど、非常に印象深い。都城型農民型の原型である。「何となく静かで明るい空気をもっている」と青山幹雄先生は称賛されており、作者は広くてつかみどころもない盆地で、包み込まれてしまいそうな優しさを求めていたのかも知れないと述べられている（『宮崎の田の神像』）。

【享保年間（1716～1736年）、像高48cm、彩色あり】

2. 姶良郡湧水町木場水窪の田の神（写真2）

　帽子状にシキを被り、長袖の上衣に裁着け袴姿で、右手にメシゲを持ち左手には杵を逆八の字に持つ。風化が強く顔の表情などは不明である。左足を前に

写真1　都城市高城町穂満坊
の田の神

写真2　姶良郡湧水町木場水
窪の田の神

写真3　鹿児島市西佐多町堤
水流中の田の神

出している。町内では最古の石像である。

【寛保4年（1744年）、像高48cm、彩色なし】

3. 鹿児島市西佐多町堤水流中の田の神（写真3）

　頭を丸めてシキを頭巾風に被り、長袖の上衣と
袴姿で、両手の持ち物は破損して不明である。顔
は白くて他は濃い紫茶色である。

【宝暦4年（1754年）、像高97cm、彩色あり】

4. 曽於市末吉町深川後迫（右側）の田の神

　シキを被り両手はあるが持ち物は破損してい
る。左足を立てた座像である。

【宝暦4年（1754年）、像高54cm、彩色なし】

写真4　姶良市蒲生町下久徳
三池原の田の神

5. 薩摩郡さつま町鶴田大角の田の神

　一部破損したシキを被り、広袖の上衣に裁着け袴姿で、右手にメシゲを持つ
が左手は欠損している。顔は赤色である。

【明和2年（1765年）、像高70cm、彩色あり】

6. 姶良市蒲生町下久徳三池原の田の神（写真4）

　大きな黒色の安山岩の前面に舟形のくぼみを作り、その中に田の神石像が浮
き彫りされている。シキを被り長袖の上衣に裁着け袴姿で、農作業姿の立像で

ある。顔の破損が強い。右手は大きなメシゲを担ぐように持ち、左手は椀を持つ。全体的に丸味のある、ふっくらと調和のとれた形である。着衣は赤くベンガラ色で彩色されている。県の有形民俗文化財に指定されている。

【明和5年（1768年）、像高140cm、彩色あり】

7. 薩摩川内市東郷町山田の田の神

笠を被り長袖の上衣と差袴姿で、風化が強く顔の表情や持ち物などは不明。町内では最古、市の有形民俗文化財に指定されている。田の神だけのサイズは56×32cmである。

【明和7年（1770年）、像高120cm、彩色なし】

8. 曽於市末吉町岩崎内堀の田の神

シキを被り長袖の上衣と裁着け姿で、右手にメシゲ、左手にはスリコギを持つ。個人宅地内に設置され、膝突きの座像で前垂れが大きく飛び出す。

【明和8年（1771年）、像高50cm、彩色なし】

9. 曽於市財部町北俣水の手（城山）の田の神

シキを被り長袖の上衣と裁着け袴姿で、右手にメシゲ、左手には椀を持つ。個人宅で他に小さい田の神四体がある。ふくよかな大きい耳を持っている。

【明和8年（1771年）、像高60cm、彩色なし】

10. 曽於市末吉町諏訪方田村の田の神

シキを被り長袖の上衣と裁着け袴姿で、右手は欠損し左手には椀を持つ。個人宅のブロック塀の中に祀られている。

【安永3年（1774年）、像高85cm、彩色なし】

11. 伊佐市大口針持高野の田の神

シキを被り広袖の上衣に裁着け袴姿で、右手にメシゲ、左手には団子を持つ。以前は持ち回りであったが、現在は自治会の所有である。

【安永5年（1776年）、像高53cm、彩色あり】

12. えびの市前田二日市（左側）の田の神

シキを被り長袖の上衣と袴姿で、右手にメシゲ、左手には椀を持つ。風化が強く顔の表情などは不明である。

【安永6年（1777年）、像高68cm、彩色なし】

13. 曽於市財部町下財部大川原の田の神（写真5）

笠状にシキを被り長袖の上衣と裁着け袴姿で、右手にメシゲを立てて持ち、左手には飯盛り椀を持つ。昔から彩色する風習があり、顔と手は白色、上衣は青色、シキはベンガラ色に彩色されている。

【安永9年（1780年）、像高64cm、彩色あり】

14. 都城市下川東町4丁目川東墓地の田の神

シキ様の帽子を被り、長袖の上衣と裁着け袴で、右手にメシゲ、左手にはスリコギを持つ。大きなシキを麦わら帽子の様に被る。

【天明2年（1782年）、像高58cm、彩色なし】

写真5　曽於市財部町下財部大川原の田の神

15. 曽於市末吉町二之方寺田の田の神

シキを被るが風化がひどく、顔の表情や衣および持ち物などは不明。鼻は残るが目と口は触ると分かるくらい。顔はセメント付けされている。

【天明3年（1783年）、像高52cm、彩色なし】

16. 霧島市溝辺町石原溝辺公民館（みそめ館）の田の神

右顔面が欠けてシキを被り、野良着姿で裸足、右手にメシゲ、左手にはスリコギを持つ。衣はベンガラ色に彩色されている。

【天明4年（1784年）、像高60cm、彩色あり】

17. 薩摩川内市樋脇町塔之原弥地山の田の神

大きなシキを被り、着物に股引きを身に着けて、右手にメシゲ、左手には扇子を持つ。後方からは男性根にみえる。市の有形民俗文化財に指定されている。

【寛政2年（1790年）、像高85cm、彩色なし】

18. 曽於市財部町南俣財部郷土館の田の神

シキを被り長袖の上衣と袴姿で、右手に鈴、左手にはメシゲを持つ。顔は破壊されて表情などは不明である。衣の襟元とメシゲにベンガラ色が残っている。

【寛政2年（1790年）、像高67cm、彩色あり】

19. 都城市高城町有水七瀬谷の田の神

シキを被り長袖の上衣と長袴姿で、右手に椀、左手にはメシゲを持つ。全体的に薄い朱色をしており、後方からは男性根にみえる。都城型である。

【寛政7年（1795年）、像高53cm、彩色あり】

20．伊佐市大口針持西方の田の神

シキを被り広袖の上衣に裁着け袴姿で、右手にメシゲ、左手には椀を持つ。腹が膨らんでいる。個人宅の石像である。

【寛政7年（1795年）、像高69cm、彩色なし】

21．薩摩川内市水引町浜田の田の神

シキを被り着物姿で、右手にメシゲ、左手にはおにぎりを持つ。個人持ちの石像である。

【文化3年（1806年）、像高55cm、彩色なし】

22．南九州市頴娃町牧之内佃の田の神（写真6）

シキを被り長袖の上衣と股引き姿で、右手には鍬を持ち、左手にはメシゲを逆さに持つ。平成4年に現在地に移設され、背にワラヅトを背負っている。持ち物とワラヅトが特徴的である。市の有形民俗文化財に指定されている。

【文化13年（1816年）頃、像高78cm、彩色なし】

23．都城市丸谷町中大五郎共同墓地の田の神

シキを被り長袖の和服姿で、右手にメシゲ、左手には椀を持つ。背石があり顔がベンガラ色に彩色されている。

【文政元年（1818年）、像高50cm、彩色あり】

24．薩摩川内市隈之城町二福城跡地の田の神

シキを被り長袖の上衣と長袴姿で、右手にメシゲ、左手にはスリコギを持つ。

【文政4年（1821年）、像高76cm、彩色なし】

25．伊佐市大口平出水勝毛の田の神

シキを被り長袖の上衣に袴姿で、右手は輪を作り、左手には団子を持つ。組合所有である。

【文政6年（1823年）、像高76cm、彩色なし】

26．伊佐市大口下殿高津原の田の神

シキを被り長袖の上衣と袴姿で、右手にメシ

写真6　南九州市頴娃町牧之内佃

ゲ、左には椀を持ち、稲束を背負う。浮き彫り型の石像である。

【文政7年（1824年）、像高82cm、彩色なし】

27. 都城市乙房町馬場乙房神社の田の神

　大きな甌のシキを被り、袖の大きい和服と袴腰のある長袴姿で、右手にメシゲ、左手には椀を持つ。大きな鼻とにっこり笑った顔が魅力的な都城型農民型の石像である。メシゲや衣にベンガラ色の痕跡あり。

【文政9年（1826年）、像高53cm、ベンガラ色の痕跡】

28. えびの市大明寺の田の神（写真7）

　シキを被り長袖の和服と袴姿で、右手にメシゲ、左手には飯盛り椀を持つ。顔を傾けて右足を前に出し、今にも踊り出しそうである。顔と衣に白色が残る。市の歴史民俗資料館に祀られており、市の有形民俗文化財に指定されている。

【文政13年（1830年）、像高45cm、彩色あり】

29. 薩摩郡さつま町時吉馬場の田の神

　頭を丸めて長袖の和服と裁着け袴姿で、右手に椀、左手にはメシゲを持つ。石像にはベンガラ色が残る。

【文政14年（1831年）刻銘のママ、像高87cm、彩色あり】

30. 伊佐市大口針持土瀬戸の田の神

　シキを被り広袖の上衣に裁着け袴姿で、右手にメシゲ、左手には打ち出の小槌を持つ。以前は持ち回りで、現在は自治会所有。派手な彩色がある。

【文政年間（1818〜1829年）、像高45cm、彩色あり】

31. えびの市下大河平堀浦の田の神

　シキ様の笠を被り、長袖の和服と袴姿で、右手にメシゲ、左手には椀を持って俵の上に立つ。笠・着物・帯・俵に、ベンガラ色が残る。おっ盗い田の神である。

【天保10年（1839年）、像高51cm、彩色あり】

写真7　えびの市大明寺の田の神

32. えびの市水流左山（左側）の田の神

　シキの笠を被り、長袖の和服姿で、右手にメシゲ、左手には飯盛り椀を持つ。顔とメシゲは肌色、鼻筋は白色、眉毛は黒色。持ち回りの田の神である。

【天保11年（1840年）、像高43cm、彩色あり】

33. 薩摩川内市都町3804麦の田の神

　シキを被り広袖の羽織に長袴姿で、右手にメシゲ、左手には椀を持つ。個人宅の田の神である。

【天保15年（1844年）、像高67cm、彩色なし】

34. 小林市堤松元の上の田の神（写真8）

　一部破損したメシゲを右肩後に振りあげて、左脇に桝を抱えている。腰から下は何も身に着けていないようで、右向きに腰をかがめて走っているのか、踊っているようでもある。以前は約50m西の田の脇の小高い場所にあったが、耕地整理で現在の場所に移設されている。

【弘化3年（1846年）、像高76cm、彩色なし】

35. 小林市野尻町東方大丸の田の神（写真9）

　シキ様の笠を被り、長袖の上衣と裁着け袴姿で、右手にメシゲ、左手には椀を持っている。顔はおちょぼ口、だんご鼻、長い耳があり、印象的である。ようやく農作業を終えたような笑顔で、中腰で左足を立てて右膝をついている。後方からは男性根にみえる。蓑を掛けた田の神は珍しい。

【弘化年間（1844〜1847年）、像高76cm、彩色なし】

36. 都城市高城町石山萩原の田の神

　シキを被り長袖の和服と袴姿で、右手にメシゲ、左手に椀を持つ。大きな台座があり、膝から下はなく、最近ここに移設された。顔とメシゲ、椀は白色、衣はベンガラ色に彩色されている。都城型である。

【弘化4年（1847年）頃、像高52cm、彩色あり】

37. 薩摩川内市尾白江町3126鮫島の田の神

　シキを被り広袖の上衣に袴姿で、右手にメシゲ、左手には飯盛り椀を持つ。個人宅の石像である。

【嘉永3年（1850年）、像高68cm、彩色なし】

38. 西諸県郡高原町西麓並木の田の神

写真8　小林市堤松元の上の
田の神

写真9　小林市野尻町東方大
丸の田の神

写真10　西諸県郡高原町西
麓村中の田の神

　　阿弥陀にシキを被り長袖の上衣に袴姿で、右手にメシゲ、左手には椀を持
つ。
【嘉永3年（1850年）頃、像高66cm、彩色なし】

39.　西諸県郡高原町西麓村中の田の神（写真10）

　　笠状のシキを被り、広袖の和服と裁着け袴姿をして、両手で鍬を持ち、背に
ワラツトを背負う。左足膝の部分をセメント付けされ、鍬の一部も欠けてい
る。天保の頃に、川辺郡や南薩地方から移住してきた人が作製したとか。
【嘉永3年（1850年）推定、像高70cm、彩色なし】

40.　都城市高木町西高木の田の神

　　鉄兜状の大きなシキを被り、長袖の和服と袴姿で、右手にメシゲ、左手には
椀を持つ。後方からは男性根にみえる。都城型である。
【嘉永4年（1851年）、像高83cm、彩色なし】

41.　姶良郡湧水町鶴丸の田の神（写真11）

　　笠状のシキを被り、右手にメシゲ、左手には米櫃を持つ。広袖の上衣に脚絆
を巻いた裁着け袴姿で、後方はしっかりと支えられている。この石像は人身御
供かも知れないという文献もあり、興味深い（『由緒ある田の神石像の数々』
で紹介）。
【安政7年（1860年）、像高76cm、彩色なし】

42. 薩摩川内市隈之城町850の田の神

　シキを被り広袖の上衣に袴姿で、右手にメシゲ、左手には椀を持つ。個人宅の石像である。

【慶応4年（1868年）、像高20cm、彩色なし】

43. えびの市末永の田の神（写真12）

　シキを被り長袖の和服姿で、右手にメシゲ、左手には椀を持っている。派手な化粧で、メシゲと顔は白色、服はベンガラ色、シキと台座は赤と白の縞模様に彩色されている。顔の表情は笑っているようで泣いているような、憂いさえ感じさせる複雑な表情である。派手な化粧とは対照的に、過酷な生活の中でしたたかに生きてきた農民たちの苦渋に満ちた表情なのかも知れない。えびの市のシンボルとして、ポスターや高速道路の標識などに用いられている。

【明治元年（1868年）、像高50cm、彩色あり】

44. 北諸県郡三股町樺山上小石の田の神

　まんじゅう笠を被り、広袖の上衣で、右手にメシゲ、左手には椀を持つ。全体的に薄茶色である。

【明治8年（1875年）、像高58cm、彩色あり】

45. 宮崎市高岡町下倉永の田の神（写真13）

　頭を丸めて大きなシキを後方にずらして被り（シキが仏像の光背の役）、中

写真11　姶良郡湧水町鶴丸の田の神　　写真12　えびの市末永の田の神　　写真13　宮崎市高岡町下倉永の田の神

腰で身体を少し前かがみにして、広袖の着物と長袴姿で、前を紐で結んでいる。右手にメシゲ、左手はスリコギを逆八の字に膝の上で持っている。袴腰のある袴で腰から下は安定しており、袴の裾から足指がわずかにみえている。衣の襟と帯が黒色、後方からは男性根にみえる。高岡型農民型の初期のもので、仏教信仰のなかで農作業を続ける農民たちを目の前にみる思いである。宮崎県内には、このタイプの石像は比較的多く存在している。高岡町では、江戸時代、神像型の石像だけが作製されているが、明治時代になるとこの農民型だけになるという珍しい現象がみられる。

【明治12年（1879年）、像高130cm、彩色あり】

46. 薩摩川内市永利町野首の田の神

シキを被り長袖の上衣にズボン姿で、右手にメシゲ、左手にはおにぎりを持つ。以前は持ち回りで、現在は公民館に安置されている。

【明治15年（1882年）、像高107cm、彩色あり】

47. 曽於市財部町下財部正ヶ峰の田の神

シキを被り和服と袴姿で、右手にメシゲ、左手には椀を持つ。直座衛門の作である。

【明治15年（1882年）、像高90cm、彩色なし】

48. 伊佐市菱刈下荒田公民館内の田の神

シキを被り長袖の上衣に裁着け袴姿で、右手は椀、左手にはメシゲを持つ。シキは茶色、上衣は青色、袴は群青色。以前は持ち回りで、現在は公民館に安置されている。

【明治20年（1887年）、像高40cm、彩色あり】

49. えびの市島内上島内の田の神

シキを被り胸開き長袖の上衣と裁着け袴姿で、右手にメシゲ、左手にはキネを持つ。顔・手・足は白色、シキと衣はベンガラ色に彩色されている。

【明治20年（1887年）、像高67cm、彩色あり】

50. 伊佐市大口曾木萩原の田の神

シキを被り上衣と袴姿と思われる。両手不明で持ち物はなし。以前は持ち回りで、現在は公民館に安置されている。

【明治22年（1889年）、像高50cam、彩色あり】

51. 小林市細野今坊の田の神

シキを被り野良着姿で、右手にメシゲ、左手には椀を持ち、両足を覗かせている。衣の縁が黒く塗られている。

【明治22年（1889年）、像高60cm、彩色あり】

52. 宮崎市大字浮田栗下公民館の田の神

頭を丸めてシキを被り、長袖の上衣と長袴姿で、右手にメシゲ、左手にはスリコギを持つ。後方からは男性根にみえる。高岡型農民型の石像である。

【明治23年（1890年）、像高83cm、彩色なし】

53. 鹿屋市串良町上小原中山（右側）の田の神（写真14）

丸い瓶のシキを帽子状に被り、衿合わせの上衣と股引きの野良着姿。右手にメシゲ、左手にはスリコギを垂直に立てて持って立っている。顔の表情は左口元をつり上げて、何かを訴えているようである。後方からは男性根である。

【明治24年（1891年）、像高76cm、彩色なし】

54. 曽於郡大崎町下持留の田の神

帽子状のシキを被り、長袖の上衣に股引き様のものをはいて立っている。右手にメシゲ、左手にはスリコギを両手で立てて持ち、首をかしげている。真面目そうで、それでいておどけた表情に好感が持てる。

【明治26年（1893年）、像高34cm、彩色なし】

55. 宮崎市大字生目の田の神

頭を丸めてシキを被り、長袖の上衣と長袴姿で、右手にメシゲ、左手にはスリコギを持つ。後方からは男性根にみえる。高岡型農民型の石像である。

【明治30年（1897年）、像高87cm、彩色なし】

56. 伊佐市大口木ノ氏の田の神

平たいシキを被り、広袖の上衣に袴姿で、右手にメシゲ、左手に椀を持つ。個人宅の石像である。

【明治31年（1898年）、像高42cm、彩色なし】

57. 出水市高尾野町江内浦窪の田の神

写真14　鹿屋市串良町上小
原中山（右側）の田の神

シキを被り広袖の上衣に袴姿で、右手にメシゲ、左手には椀を持つ。裸足の両足を覗かせている。

【明治31年（1898年）推定、像高53cm、彩色なし】

58. 肝属郡東串良町川東永峯の田の神

シキを被り長袖の上衣に褌状前掛を垂らし、右手にメシゲ、左手にはスリコギを持つ。オレンジ色の口紅を付けて、右足を少し立てる。

【明治31年（1898年）、像高98cm、口紅あり】

59. 曽於市財部町南俣財部郷土館の田の神

笠を被り顔は温和で、眉・鼻・目・口は明瞭で胡座している。軽石製である。

【明治32年（1899年）、像高38cm、彩色なし】

60. 小林市北西方勧請岡の田の神

被り物はなく長袖の和服で、右手にメシゲを持ち左手は不明である。

【明治32年（1899年）、像高62cm、彩色なし】

61. 宮崎市大字浮田浮田神社横（右）の田の神

頭を丸めてシキを被り、長袖の上衣と長袴姿で、右手にメシゲ、左手にはスリコギを持つ。後方からは男性根にみえる。高岡型農民型の石像である。

【明治26年（1893年）、像高66cm、彩色なし】

62. 小林市北西方の田の神

シキを被り長袖の和服で、右手にメシゲ、左手には椀を垂直に持つ。

【明治33年（1900年）、像高46cm、彩色なし】

63. 宮崎市大字長嶺栗下の田の神

頭を丸めてシキを被り、長袖の上衣と長袴姿で、右手にメシゲ、左手にはスリコギを持つ。後方からは男性根にみえる。高岡型農民型の石像である。

【明治33年（1900年）、像高77cm、彩色なし】

64. 宮崎市大字浮田浮田神社横（左）の田の神

頭を丸めてシキを被り、長袖の上衣と長袴姿で、右手にメシゲ、左手にはスリコギを持つ。後方からは男性根にみえる。高岡型農民型の石像である。

【明治34年（1901年）、像高85cm、彩色なし】

65. 宮崎市大字吉野の田の神

頭を丸めてシキを被り、長袖の上衣と長袴姿で、右手にメシゲ、左手にはスリコギを持つ。後方からは男性根にみえる。高岡型農民型の石像である。
【明治36年（1903年）、像高77cm、彩色なし】

66．伊佐市菱刈荒田下の田の神
　頭髪があり長袖の上衣とズボン姿で、右手にメシゲ、左手には椀を持つ。顔と足は肌色、衣は青色、メシゲが赤色。自治会所有の石像である。
【明治37年（1904年）、像高65cm、彩色あり】

67．曽於郡大崎町菱田地応寺の田の神（写真15）
　帽子状の笠を被り、長袖の上衣で右手に鎌、左手には稲束を持って、胡坐をかいて座っている。自然石に浮き彫りされている。目・鼻・口がはっきりして、顔が白く塗ってあり、衣や背景はベンガラ色。高い台座の上に祀られており、高さ13cmの六角台、高さ72cmの円台、高さ17cmの四角台の上で、地面より頂上まで1．63mある。
【明治37年（1904年）、像高61cm、彩色あり】

68．小林市南西方窪田刈目の田の神
　シキを被り長袖の和服姿で、右手にメシゲ、左手には椀を持つ。
【明治39年（1906年）、像高36cm、彩色なし】

69．伊佐市大口白木山ノ神の田の神
　シキを被り広袖の上衣に袴姿、両手でメシゲを持つ。公民館敷地に、馬頭観音などと共に祀られている。
【明治40年（1907年）、像高60cm、彩色なし】

70．伊佐市大口白木上長野の田の神
　シキを被り長袖の上衣と袴姿で、右手にメシゲをもつが、左手に持ち物はなし。シキは黒、衣は赤茶色。自治会所有の石像である。
【明治40年（1907年）、像高58cm、彩色あり】

71．えびの市大明司脇村の田の神
　シキを被り長袖の和服と袴姿で、右手にメシゲ、左手には椀を持つ。個人宅屋外に祀られている。
【明治40年（1907年）頃、像高50cm、彩色なし】

72．伊佐市大口大島山之口の田の神

顔面が破損し長袖の上衣とズボン姿で、右手に
メシゲ、左手には椀を持つ。自然石に浮き彫りさ
れている。

【明治42年（1909年）、像高69cm、彩色なし】

73.　伊佐市菱刈町市山上市山の田の神

シキを被り、右手にメシゲ、左手には椀を持つ。

【明治43年（1910年）、像高104cm、彩色なし】

74.　伊佐市大口目丸中目丸の田の神

　シキを被り長袖の上衣と袴姿で、右手にメシ
ゲ、左手には団子を持ち、背には袋を背負ってい
る。

【明治43年（1910年）、像高58cm、彩色なし】

写真15　曽於郡大崎町菱田
地応寺の田の神

75.　伊佐市大口原田平田の田の神

　シキを被り広袖の上衣に長袴姿で、右手にメシゲ、左手には椀を持つ。後方
からは男性根にみえる。

【明治43年（1910年）、像高85cm、彩色なし】

76.　伊佐市大口大田の田の神

　シキを被り広袖の上衣に袴姿で、右手にメシゲ、左手には椀を持つ。個人宅
の田の神である。

【明治43年（1910年）、像高73cm、彩色なし】

77.　伊佐市大口川岩瀬川岩瀬下の田の神

　平たいシキを被り、右手にメシゲを持つが左手に持ち物はない。個人宅の石
像である。

【明治43年（1910年）、像高54cm、彩色なし】

78.　えびの市原田大平（右側）の田の神

　笠状のシキを被り広袖の和服姿で、右手にメシゲ、左手には椀を持ち、背に
米俵二俵を背負う。衣に赤色が薄く残る。

【明治43年（1910年）、像高62cm、彩色あり】

79.　伊佐市大口木ノ氏の田の神

　シキを被り広袖の上衣に袴姿で、右手にメシゲ、左手には椀を持つ。後方か

らは男性根にみえる。

【明治44年（1911年）、像高74cm、彩色なし】

80. 伊佐市大口下青木農協支所前の田の神

帽子状にシキを被り、風化が強く顔の表情などは明らかでない。長袖の上衣と襞のある長袴姿で、座っている。右手にメシゲを立てて持ち、左手には椀を持って、背には米袋を背負っている。後方からは男性根にみえる。ワラヅトではなく、米袋を背負っているのが珍しい。

【明治45年（1912年）、像高68cm、彩色なし】

81. えびの市中上江区の田の神

大きなシキを被り長袖の和服姿で、右手にメシゲ、左手には椀を持つ。顔と両手足は白色、持ち物は赤色、シキは赤と白の縞模様である。

【大正元年（1912年）、像高60cm、彩色あり】

82. 薩摩川内市勝目町勝目後の田の神

シキを被り広袖の上衣に袴姿で、右手にメシゲ、左手にはスリコギを持つ。個人宅の田の神である。

【大正2年（1913年）、像高23cm、彩色あり】

83. えびの市大明司の田の神（写真16）

石像は円筒形でシキ様に笠冠を被り、羽織みたいな長袖の和服に股引き姿で、細い両足がみえている。右手にメシゲ、左手にはコップみたいな椀を持つ。背中全体に米俵が刻まれて、背負っているのであろうが背石の役割をなしている。当家の家宝であり、幾度も東京の展示会にも出品したとか。狩集八郎の作である。

【大正2年（1913年）、像高52cm、彩色なし】

84. えびの市末永白鳥の田の神

シキ様の笠を被る。風化が強く衣は不明である。持ち物は右手にメシゲ、左手には握り飯を持つ。

【大正4年（1915年）、像高73cm、彩色なし】

85. えびの市西郷の田の神

写真16　えびの市大明司の田の神

頭巾を被り長袖の和服で、メシゲを持つ。風化が強く顔の表情や衣などは不明である。顔は白色、口に赤色残る。持ち回りの田の神である。
【大正4年（1915年）、像高32cm、彩色あり】

86. 伊佐市大口原田崩下の田の神
シキを被り広袖の上衣に袴姿で、右手にメシゲ、左手には椀を持つ。背には袋を背負っている。
【大正5年（1916年）、像高56cm、彩色なし】

87. 小林市南西方芹川の田の神
笠を被り長袖の和服姿で、右手にメシゲを持ち、左手は胸に当てている。顔・手・メシゲは白、衣は朱色である。
【大正5年（1916年）、像高60cm、彩色あり】

88. えびの市溝の口区西之野の田の神
頭を覆う被り物がそのまま背石になり、右手にメシゲ、左手にはキネを持った像が浮き彫りされている。素人の彫で白尾左門ではないかといわれている。
【大正5年（1916年）、像高33cm、彩色なし】

89. 薩摩川内市歴史資料館の田の神
シキを被り長袖の和服に袴姿で、右手にスリコギで左手にはメシゲを持つ。全体的に黒と白色でモチーフして口紅あり。
【大正6年（1917年）、像高32cm、彩色あり】

90. 薩摩川内市永利町下手の田の神
シキを被り広袖の上衣に袴姿で、右手にスリコギで左手には稲束を持つ。集会所内に安置されており化粧されている。
【大正6年（1917年）、像高38cm、彩色あり】

91. 宮崎市北方の田の神
頭を丸めてシキを被り、長袖の上衣と長袴姿で、右手にメシゲ、左手にはスリコギを持つ。後方からは男性根にみえる。高岡型農民型の石像である。
【大正7年（1918年）、像高70cm、彩色なし】

92. 伊佐市大口牛尾永野原の田の神
大きなシキを被り長袖の上衣と袴姿で、右手にメシゲ、左手には椀を持つ。
【大正7年（1918年）、像高89cm、彩色なし】

93. えびの市大河平東久保原の田の神

　シキ様の笠を被り長袖の和服と袴姿で、右手にメシゲ、左手には飯盛り椀を持つ。笠・衣・椀は黒色、他は白色である。

【大正8年（1919年）、像高52cm、彩色あり】

94. えびの市大明司山毛の田の神

　シキ様の笠を被り長袖の和服に袴姿で、右手にメシゲ、左手には椀を持つ。

【大正8年（1919年）、像高63cm、彩色なし】

95. 曽於市財部町下財部赤坂の田の神

　シキを被り長袖の和服に裁着け袴姿で、右手にメシゲ、左手には稲穂を持つ。

【大正9年（1920年）、像高77cm、彩色なし】

96. 志布志市有明町蓬原宇都の田の神

　シキを肩まで被り長袖の上衣に野良着姿で、右手にメシゲ、左手にはスリコギを持つ。

【大正10年（1921年）、像高103cm、彩色なし】

97. 姶良郡湧水町幸田大牟礼の田の神

　シキを被り長袖の和服に袴姿で、右手にメシゲ、左手には椀を持つ。顔と胸は白、口は赤色である。

【大正12年（1923年）、像高68cm、彩色あり】

98. 西諸県郡高原町広原上村の田の神

　ショケを被り長袖の上衣に裁着け袴姿で、右手にメシゲ、左手にはキネ様のものを持つ。

【大正12年（1923年）、像高62cm、彩色なし】

99. えびの市西川北宮馬場城山の田の神

　シキを被り長袖の上衣と袴姿で、右手にメシゲ、左手にはキネを持つ。顔・手は白色、シキ・持ち物は赤茶色、衣は空色に彩色される。以前は持ち回りで現在は固定されている。

【大正15年（1926年）、像高30cm、彩色あり】

100. えびの市浦中浦末原宅の田の神

　三角形のシキを被り、長袖の上衣と袴姿で、右手にメシゲ、左手にはキネを

持つ。顔は白、手・足は茶色、シキは黄色、袴は青色である。

【昭和2年（1927年）、像高62cm、彩色あり】

101. えびの市西川北天神通の田の神

　シキを被り長袖の上衣に袴姿で、右手にメシゲ、左手にはキネを持つ。顔は白、衣は緑色、持ち物は黒色。持ち回りの田の神である。

【昭和2年（1927年）、像高30cm、彩色あり】

102. 小林市野尻町東麓猿瀬下の田の神

　シキを被り野良着姿で、右手にメシゲ、左手にはスリコギを持つ。農民型の田の神舞姿の石像で、今回はベンガラ色で彩色されている。

【昭和3年（1928年）、像高48cm、彩色あり】

103. えびの市東川北の田の神

　シキを被り長袖の和服で、両手はなくて二俵の米俵の上に座る。顔としめ縄に赤色が残るが、個人の家宝として守られている。

【昭和3年（1928年）、像高37cm、彩色あり】

104. 曽於郡大崎町中持留の田の神

　頭髪の上に三角形の笠を被り、如何にも苦労を重ねた老人の顔で、長袖の上衣に襞のある袴をはいて右足を曲げて座っている。右手にメシゲを立てて持ち、左手は膝付近でスリコギを持つ。

【昭和3年（1928年）、像高70cm、彩色なし】

105. えびの市小田麓の田の神

　シキを被り長袖の上衣と袴姿で、右手の持ち物は不明であるが、左手にはキネを持つ。衣に青緑色が残る。春田浅吉の作といわれている。

【昭和4年（1929年）、像高66cm、彩色あり】

106. 小林市西方鬼塚人参場の田の神

　両手が欠落している。頭巾を被り、風化が強く顔の表情は不明である。

【昭和3～4年（1928～1929年）、像高70cm、彩色なし】

107. 姶良郡湧水町川西四ツ枝前の田の神

　シキを被り長袖の和服に袴姿で、右手にメシゲ、左手はスリコギを持つ。春田浅吉の作といわれている。

【昭和5年（1930年）、像高不明、彩色なし】

108. 曽於市財部町南俣新田の田の神

甑のシキを被り長袖の和服と袴姿で、右手にメシゲ、左手には飯盛り椀を持つ。大津清次郎の作といわれている。

【昭和5年（1930年）、像高150cm、彩色なし】

109. 曽於郡大崎町上鷲塚の田の神

極めて素朴な作品で、頭上に大きな笠状のシキを被り、目・鼻・口があるも静かな表情で立っている。長袖の上衣を着て、小さなメシゲとスリコギをずらして持つ。

【昭和5年（1930年）、像高38cm、彩色不明】

110. 姶良郡湧水町川西四ツ枝後の田の神

シキを被り広袖の和服に裁着け袴姿で、右手にメシゲ、左手には飯盛り椀を持つ。宮田初の作といわれている。

【昭和6年（1931年）、像高63cm、彩色なし】

111. 西諸県郡高原町蒲牟田小塚の田の神

シキ様の笠を被り、長袖の上衣に袴姿で、右手にメシゲ、左手には桝を膝の上に置く。頭部の笠と衣はベンガラ色である。

【昭和6年（1931年）頃、像高100cm、彩色あり】

112. 伊佐市菱刈町築地上の田の神

シキを被り衣や持ち物は不明。胸像で持ち回りの田の神。シキは茶色、他は白色、一部ピンク色である。

【昭和6年（1931年）、像高33cm、彩色あり】

113. えびの市下大河平菖蒲ヶ野の田の神

シキを被り長袖の上衣に袴姿で、右手にメシゲ、左手には椀を持つ。顔は白色、衣に青色残る。

【昭和6年（1931年）、像高46cm、彩色あり】

114. 姶良郡湧水町川西松山の田の神

シキを被り広袖の上衣に裁着け袴姿で、右手にメシゲ、左手は飯盛り椀を持つ。宮田初の作といわれている。

【昭和7年（1932年）、像高70cm、彩色なし】

115. 伊佐市大口山野尾之上の田の神

平たい笠状のシキを被り、広袖の上衣に袴姿で、右手にメシゲ、左手には椀を持つ。全体的に肌色、個人宅の石像である。

【昭和7年（1932年）、像高45cm、彩色あり】

116. えびの市内竪北岡松の田の神

破損したシキを被り、胸開きの長袖の上衣と袴姿。両手は欠損している。

【昭和7年（1932年）、像高75cm、彩色なし】

117. 曽於市大隅町月野下水堀の田の神

シキを被り着物姿で、右手は鈴を持ち左手は破損している。

【昭和8年（1933年）、像高62cm、彩色なし】

118. えびの市湯田の田の神

シキを被り長袖胸開き上衣と袴姿で、右手にメシゲ、左手にはキネを持つ。顔と体は白、口紅があり、シキと持ち物は黄色。以前は持ち回りであったが、現在は個人宅に祀られている。

【昭和8年（1933年）、像高20cm、彩色あり】

119. 曽於郡大崎町梢ヶ山の田の神（写真17）

大型の雄大な石像で、大きな笠のシキを被り長袖の上衣を着て胡坐をかいている。右手にメシゲを立てて持ち、左手にはスリコギを持っている。農民風の顔の表情である。顔はまばらに白色、口紅と頬紅があり、目と眉は黒色に彩色あり。

【昭和8年（1933年）、像高100cm、彩色あり】

120. 伊佐市大口原田西原の田の神

シキを被り長袖の上衣と袴姿で、右手には鎌、左手に稲穂を持って、背に袋を背負っている。後方からは男性根にみえる。

【昭和9年（1934年）、像高60cm、彩色なし】

121. 伊佐市大口平出水の田の神

シキを被り広袖の上衣に袴姿で、右手にメシゲ、左手には椀を持ち、背に米俵を背負う。個人宅の石像である。

【昭和9年（1934年）、像高52cm、彩色なし】

写真17　曽於郡大崎町梢ヶ山の田の神

122. 伊佐市大口篠原諏訪の田の神

シキを被り広袖の上衣に袴姿で、右手にメシゲ、左手には椀を持つ。個人宅の石像である。

【昭和10年（1935年）、像高44cm、彩色なし】

123. 宮崎市池内町前吾田の田の神

頭を丸めてシキを被り、長袖の上衣と長袴姿で、右手にメシゲ、左手にはスリコギを持つ。後方からは男性根にみえる。高岡型農民型の石像である。後方からは男性根にみえる。

【昭和11年（1936年）、像高95cm、彩色なし】

124. 伊佐市菱刈町下手の田の神

シキを被り長袖の上衣に袴姿で、右手に鎌、左手には稲穂を持つ。衣はベンガラ色、他は白色。個人宅の石像である。

【昭和11年（1936年）、像高52cm、彩色あり】

125. 曽於郡大崎町持留上持留の田の神

甑のシキを被り長袖の和服で、右手にメシゲを持つが、左手は不明。

【昭和11年（1936年）、像高58cm、彩色なし】

126. えびの市西川北四反田西の田の神

シキを被り長袖の上衣に袴姿で、右手にメシゲ、左手にはキネを持つ。顔は白、上衣は薄緑色、袴は赤色。以前は持ち回りで、現在は個人宅に祀られている。

【昭和12年（1937年）頃、像高21cm、彩色あり】

127. 宮崎市大字跡江八坂神社

頭を丸めてシキを被り、長袖の上衣と長袴姿で、右手にメシゲ、左手にはスリコギを持つ。後方からは男性根にみえる。高岡型農民型の石像である。

【昭和14年（1939年）、像高106cm、彩色なし】

128. 伊佐市大口上青木泉徳寺の田の神

シキを被り長袖の上衣と袴姿で、右手は鎌、左手には稲穂を持ち、背には袋を背負っている。口の周りが青い。後方からは男性根にみえる。

【昭和15年（1940年）、像高60cm、彩色なし】

129. 宮崎市高岡町上倉永寺迫の田の神（写真18）

甑のシキを笠状に被り、目と鼻がはっきりして唇が厚い。長袖の和服に股引き姿で腰掛けており、右手にメシゲを立てて持ち、左手には椀を持って、背にワラヅトを背負う。後方からは男性根にみえる。非常にユニークな石像である。

【昭和15年（1940年）、像高98cm、彩色なし】

130．宮崎市大字柏原の田の神

頭を丸めてシキを被り、長袖の上衣と長袴姿で、右手にメシゲ、左手にはスリコギを持つ。後方からは男性根にみえる。高岡型農民型の石像である。

写真18　宮崎市高岡町上倉永寺迫の田の神

【昭和16年（1941年）、像高95cm、彩色なし】

131．宮崎市高岡町小山田の田の神

頭を丸めてシキを被り、長袖の上衣と長袴姿で、右手にメシゲ、左手にはスリコギを持つ。後方からは男性根にみえる。高岡型農民型の石像である。

【昭和16年（1941年）、像高75cm、彩色なし】

132．伊佐市大口里小水流の田の神

シキを被り広袖の上衣に袴姿で、右手は鎌、左手には稲穂を持ち、背に袋を背負っている。顔と衣の一部にベンガラ色の痕跡がある。

【昭和16年（1941年）、像高62cm、彩色あり】

133．えびの市中内竪梅木の田の神

シキを被り長袖の上衣に袴姿で、両手先は欠損し持ち物は不明。シキは黒、衣は黄色と緑、顔は白色、口紅あり。持ち回りの田の神である。

【昭和16年（1941年）、像高22cm、彩色あり】

134．伊佐市菱刈荒田荒田上の田の神

鉢巻をして長袖の上衣と袴姿で、右手にメシゲ、左手には椀を持つ。赤い鉢巻、衣は薄紫色。持ち回りの田の神から自治会所有になっている。

【昭和17年（1942年）、像高42cm、彩色あり】

135．宮崎市大字小松下小松愛別府の田の神

頭を丸めてシキを被り、長袖の上衣と長袴姿で、右手にメシゲ、左手にはス

リコギを持つ。後方からは男性根にみえる。高岡型農民型の石像である。

【昭和18年（1943年）、像高70cm、彩色なし】

136. えびの市大明寺（歴史民俗資料館）の田の神

シキを被り長袖の上衣と袴姿で、右手にメシゲ、左手にはキネを持つ。顔と胸白色、衣は緑色、帯と持ち物は茶色。今田喜次郎氏の厄払いに作られて、持ち回りの田の神である。

【昭和21年（1946年）、像高29cm、彩色あり】

137. えびの市大明司（歴史民俗資料館）の田の神

シキを被り上衣と袴を身に着けて、右手にメシゲ、左手にキネを持つ。内田蔵吉氏の厄払いに作られて、持ち回りの田の神である。顔は白色、衣は緑色である。

【昭和21年（1946年）、像高27cm、彩色あり】

138. 小林市野尻町東麓大久保の田の神（写真19）

笠状にシキを阿弥陀に被り、衿を合わせた長袖の上衣にズボン状のものをはき、立っている。右手はメシゲを膝の上で持ち、左手にはスリコギを持っている。右足を前に出して躍動的である。後方からは男性根にみえる。彩色が鮮やかで、シキは黒、衣とメシゲは赤、ズボン状のものは緑色。額には金色のこぶみたいなものがあり、頬紅が施されている。

【昭和23年（1948年）、像高62cm、彩色あり】

139. えびの市水流本町の田の神

シキを被り長袖の上衣に袴姿で、右手にメシゲ、左手にはキネを持つ。顔は白、衣は緑・赤・黄色で彩色されている。以前は持ち回りで現在は個人宅に。

【昭和24年（1949年）、像高19cm、彩色あり】

140. 曽於郡大崎町西井俣の田の神

シキを被り、目・鼻・口がはっきりとした大きな顔で、長袖の上衣と襞の入った長袴を着て立つ。右手にメシゲ、左手にはスリコギを八の字の形で持っている。

写真19　小林市野尻町東麓
大久保の田の神

【昭和24年（1949年）、像高43cm、彩色不明】

141. 宮崎市高岡町上倉永寺迫の田の神

頭を丸めてシキを被り、長袖の上衣と長袴姿で、右手にメシゲ、左手にはスリコギを持つ。後方からは男性根にみえる。高岡型農民型の石像である。

【昭和25年（1950年）、像高106cm、彩色なし】

142. えびの市西川北宮馬場上の田の神

シキを被り上下の袢と袴姿で、右手はキネ、左手にはメシゲを持つ。顔は白、袢は緑色。個人宅の田の神である。

【昭和25年（1950年）、像高不明、彩色あり】

143. えびの市水流前水流の田の神

シキを被り長袖の上衣に袴姿で、右手にメシゲ、左手にはキネを持つ。顔は白、衣は緑色、シキと持ち物は黄色。持ち回りから個人宅の田の神になる。

【昭和28年（1953年）、像高23cm、彩色あり】

144. えびの市西長江浦下（右側）の田の神

シキを被り長袖の上衣と袴姿で、右手にメシゲ、左手には椀を持つ。顔は白、衣に青が少し残る。

【昭和29年（1954年）、像高40cm、彩色あり】

145. えびの市湯田新田の田の神

シキを被り長袖の上衣に袴姿で、右手は稲穂を持ち左手にはメシゲを持っている。右膝を立てて躍動的である。顔、手、メシゲは白色。持ち回りの田の神である。

【昭和29年（1954年）、像高21cm、彩色あり】

146. えびの市下島内の田の神

シキを被り長袖の上衣に袴姿で、右手にメシゲ、左手にはキネを持つ。木製で顔は白色、衣は紫色。持ち回りから個人宅の田の神に固定される。

【昭和29年（1954年）、像高31cm、彩色あり】

147. 肝属郡肝付町後田の田の神

シキを被り長袖の和服とズボンを履き、右手におにぎり、左手にはメシゲを持って腰掛ける。

【昭和30年（1955年）、像高48cm、彩色なし】

148. えびの市岡松南岡松の田の神

　シキを被り長袖の上衣と長袴姿。両手先は欠損して膝を屈める。以前は右手にメシゲ、左手にはキネを持っていたらしい。シキは黒色、衣は青色、他は白色。後方からは男性根にみえる。

【昭和30年（1955年）、像高63cm、彩色あり】

149. えびの市西川北四反田東の田の神

　シキを被り長袖の上衣に袴姿で、右手にメシゲ、左手にキネを持つ。シキと持ち物は茶色、衣は緑色。持ち回りから個人宅の田の神に固定される。

【昭和30年（1955年）、像高31cm、彩色あり】

150. えびの市湯田中の田の神

　シキを被り長袖の上衣に袴姿で、右手にメシゲ、左手には椀を持つ。メシゲと椀は青色、シキと上衣は黄色、袴は赤色。春田浅二の作といわれている。

【昭和31年（1956年）、像高28cm、彩色あり】

151. えびの市湯田萩原邦三宅の田の神

　シキを被り長袖の上衣と袴姿、前を紐で結ぶ。右手にメシゲ、左手には椀を持つ。持ち物とシキは黄色、上衣は緑色、袴は赤色。持ち回りの田の神である。

【昭和32年（1957年）、像高22cm、彩色あり】

152. えびの市東内竪の田の神

　シキを被り袈裟を着て、右手にメシゲ、左手にはキネを持つ。顔は白、シキと持ち物は黄色、衣は赤・青・緑色。個人宅の田の神である。

【昭和34年（1959年）、像高37cm、彩色あり】

153. 宮崎市高岡町上倉永高野東の田の神

　頭を丸めてシキを被り、長袖の上衣と長袴姿。右手にメシゲ、左手にはスリコギを持つ。後方からは男性根にみえる。高岡型農民型の石像である。

【昭和35年（1960年）、像高65cm、彩色なし】

154. 宮崎市跡江松ム田の田の神

　頭を丸めてシキを被り、長袖の上衣と長袴姿。右手にメシゲ、左手にはスリコギを持つ。後方からは男性根にみえる。高岡型農民型の石像である。

【昭和36年（1961年）、像高84cm、彩色なし】

155. 伊佐市菱刈町築地上の田の神

帽子を被り両手で柄メシゲを持つ。帽子、手とメシゲは茶色、衣はオレンジ色。持ち回りの田の神である。

【昭和36年（1961年）、像高19cm、彩色あり】

156. えびの市島内下島内の田の神

シキを被り長袖の上衣と袴姿。両手で大きなメシゲを持つ。陶器製である。

【昭和38年（1963年）頃、像高31cm、彩色なし】

157. えびの市東内竪の田の神

シキを被り長袖の上衣に袴姿で、右手にメシゲ、左手には椀を持つ。顔に白色が残る。個人宅の田の神である。

【昭和40年（1965年）頃、像高36cm、彩色あり】

158. えびの市大明司の田の神

顎紐のあるシキ様の笠を被り、長袖の上衣とズボン姿。右手にメシゲ、左手には椀を持つ。二俵の米俵の上に胡坐をかく。上衣は赤色、他は桃色である。

【昭和41年（1966年）、像高67cm、彩色あり】

159. 曽於市大隅町荒谷大迫の田の神

甑のシキを被り野良着姿で、右手にメシゲ、左手にはスリコギを持つ。

【昭和46年（1971年）、像高65cm、彩色なし】

160. えびの市大明司の田の神

シキを被り長袖の上衣と長袴姿で、右手にメシゲ、左手には椀を持つ。顔は白色、口は赤色である。

【昭和49年（1974年）、像高42cm、彩色あり】

161. えびの市大明司の田の神

シキ様の笠を被り長袖の和服に袴姿。右手にメシゲ、左手には椀を持つ。顔は白色、目と眉毛は黒色、口紅がある。

【昭和49年（1974年）、像高42cm、彩色あり】

162. 薩摩川内市隈之城町溝端の田の神

シキを被り広袖の上衣に袴姿で、両手にそれぞれおにぎりを持つ。持ち回りの田の神である。

【昭和50年（1975年）、像高16cm、彩色あり】

163. えびの市水流後水流の田の神

　シキを被り長袖の上衣に袴姿で、右手にメシゲ、左手には椀を持つ。顔は白、衣の一部に赤色。持ち回りの田の神である。

【昭和50年（1975年）、像高32cm、彩色あり】

164. 伊佐市大口山野石井川東の田の神

　シキを被り長袖の上衣と袴姿、両手で瓢箪を持つ。陶器製で全体的にこげ茶色。自治会所有の石像である。

【昭和52年（1977年）、像高10cm、彩色あり】

165. 伊佐市本城比良の田の神

　シキを被り広袖の上衣に袴姿で、右手にメシゲ、左手には椀を持つ。木製で木肌色をして、持ち回りから自治会所有になる。

【昭和55年（1980年）、像高30cm、彩色なし】

166. 伊佐市大口上青木多々良石の田の神

　シキを被り広袖の上衣に袴姿で、右手は鎌と稲を持ち左手には椀を持つ。木製である。

【昭和59年（1984年）、像高52cm、彩色なし】

167. 伊佐市大口上青木更生の田の神

　シキを被り長袖の上衣と袴姿で、右手にメシゲ、左手には握り飯を持つ。木製で、後方からは男性根にみえる。

【昭和61年（1986年）、像高70cm、彩色なし】

168. 曽於市大隅町中之内唐尾の田の神

　笠を被り和服で、右手にメシゲ、左には椀を持つ。現代風の作で、軽石で作られている。

【昭和62年（1987年）、像高55cm、彩色なし】

169. 伊佐市大口山野平原前の田の神

　シキを被り長袖の上衣と袴姿で、右手にメシゲ、左手には椀を持つ。

【昭和63年（1988年）、像高52cm、彩色なし】

170. えびの市内竪溝ノ口の田の神

　シキを被り胸開きの長袖の上衣と袴姿で、右手にメシゲ、左手にはスリコギを持つ。顔・胸は白、シキは黒、持ち物は赤、袴は黄色。田中まさとしの作と

されている。

【昭和63年（1988年）、像高47cm、彩色あり】

171．えびの市柳水流幣田の田の神

　シキを被り長袖の和服と袴姿で、右手にメシゲ、左手には椀を持つ。顔は白、メシゲは赤、衣は青色。

【平成元年（1989年）、像高53cm、彩色あり】

172．えびの市歴史民俗資料館の田の神

　シキを被り長袖の和服で、右手にメシゲ、左手には椀を持つ。大きな耳を持つ。全身が薄いチョコレート色である。

【平成2年（1990年）、像高不明、彩色あり】

173．伊佐市大口小小川尾崎の田の神

　シキを被り長袖の上衣と袴姿で、右手にメシゲ、左手には椀を持つ。全体的に薄い肌色。個人宅の石像である。

【平成3年（1991年）、像高66cm、彩色あり】

174．曽於市大隅町岩川弥五郎野の里の田の神

　シキを被り長袖の和服に袴姿で、右手はメシゲ、左手にはスリコギを持つ。

【平成8年（1996年）、像高93cm、彩色なし】

175．薩摩川内市東郷町宍野③の田の神

　シキを被り長袖の和服と袴姿で、右手にメシゲ、左手には椀を持つ。顔・手・足は白、他は黒赤の縁取りがしてある。

【平成10年（1998年）、像高140cm、彩色あり】

176．曽於市大隅町中之内柳井谷の田の神

　笠を被り長袖の和服姿で、右手は柄のみのメシゲ、左手には椀を持つ。衣は薄青色。個人宅の石像である。

【平成10年（1998年）、像高102cm、彩色あり】

177．伊佐市菱刈町重留重留東の田の神

　大きな顔にシキを被り、右手にメシゲ、左手には椀を持つ。シキと上衣は赤色、衣は黄色とカラフルである。

【平成11年（1999年）、像高65cm、彩色あり】

178．伊佐市菱刈町重留の田の神

シキを被り長袖の上衣に袴姿で、右手にメシゲ、左手には椀を持つ。

【平成11年（1999年）、像高62cm、彩色なし】

179. 伊佐市大口堂崎の田の神

平たいシキを被り、右手にメシゲ、左手には椀を持つ。顔と持ち物は白色、他は赤色である。

【平成11年（1999年）、像高61cm、彩色あり】

180. 伊佐市大口篠原肥し中川原の田の神

平たいシキを被り広袖の上衣に袴姿で、右手にメシゲ、左手には椀を持つ。

【平成12年（2000年）、像高54cm、彩色なし】

181. 伊佐市大口下殿岩瀬戸の田の神

大きくて平たいシキを被り、右手にメシゲ、左手には椀を持つ。

【平成13年（2001年）、像高61cm、彩色なし】

182. 姶良郡湧水町川西永山の田の神

シキを被り長袖の和服に袴姿をして、両手でメシゲを持つ。

【平成14年（2002年）、像高46cm、彩色なし】

183. 小林市細野字中夷守（ひなもり）の田の神（写真20）

大きな笠を阿弥陀に被り、目・鼻・口がはっきりして微笑んでいる。長袖の上衣に裁着け袴姿で、右手にメシゲを持ち左手には椀を持って、右膝を地につけて左膝は立てている。

【平成15年（2003年）、像高77cm、彩色なし】

184. 伊佐市菱刈荒田大峰の田の神

シキを被り長袖の上衣と長袴姿で、右手にメシゲ、左手には椀を持つ。自治会所有の石像である。

【平成18年（2006年）、像高62cm、彩色なし】

185. えびの市末永田代の田の神

大きい耳の顔にシキを被り、長袖の和服姿で、右手はキネか扇子、左手には椀を持つ。

【平成18年（2006年）、像高60cm、彩色なし】

186. 伊佐市菱刈町川北愛都の田の神

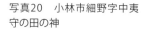

写真20　小林市細野字中夷守の田の神

シキを被り長袖の上衣に裁着け袴姿で、右手にメシゲ、左手には椀を持つ。木製で以前は持ち回りだったが、現在は固定されている。

【平成14年（2002年）、像高22cm、彩色なし】

187.　えびの市岡松の田の神

　シキを被り長袖の和服と袴姿で、右手にメシゲ、左手には椀を持つ。全体的に茶色。小原よしひろの作とされている。

【平成21年（2009年）、像高58cm、彩色あり】

188.　肝属郡南大隅町根占横別府栗之脇の田の神

　シキを被り羽織と褌姿の老人が、右手にメシゲ、左手にはスリコギを持つ。

【平成22年（2010年）、像高70cm、彩色なし】

189.　えびの市大明司山内の田の神

　シキを被り長袖の和服姿で、右手にメシゲ、左手には椀を持つ。

【平成22年（2010年）、像高45cm、彩色なし】

190.　伊佐市菱刈南浦小川添の田の神

　シキを被り半袖の上衣に袴姿で、右手にメシゲ、左手には椀を持つ。

【平成24年（2012年）、像高53cm、彩色なし】

【Ⅱ】女性像

　年代の判明した石像が12体あるが、薩摩川内市と薩摩郡に限られて分布していることが大きな特徴である。No.3の出水市武本平岩の田の神は、薩摩郡から山を越えてオットラレテきたものらしい。いろいろな形の髷や、その上にシキを被ったものなどがある。持ち物はメシゲ、椀を持つものもある。元禄袖の着物を着流して、袖がめくれた立ち姿がいかにも浮世絵風や、小さなメシゲを手鏡のように持っているものもある。

　女性像の田の神は個人持ちのものが多く、すべてを写真で紹介できないのが残念である。年代不詳であるが、個性豊かな女性像の田の神4体も記載した。

　女性像の田の神石像について、小野重朗先生は、道祖神的男女並立型の石像と関連があるのではないかと指摘している（『田の神サア百体』）。石像の分布がほぼ同じで、男女並立型で女子像を彫っているうちに、女子像だけを独立

して作製し始めたのではないか、と。

1. 薩摩郡さつま町湯田旧塘池の田の神（写真1）

髪があり羽織と袴姿。風化が強く顔の表情などは不明である。両手でメシゲを持つ像が大きな自然石に浮き彫りされている。衣はベンガラ色の痕跡がある。

【宝暦8年（1758年）頃、像高138cm、彩色あり】

2. 薩摩郡さつま町二渡須杭の田の神（写真2）

頭髪があり羽織と袴姿。右手は錫杖様のものを持ち、左手には宝珠を持っている。舟型石に浮き彫りされている。風化が強く顔の表情などは不明である。衣は一部ベンガラ色の痕跡が残る。

【安永5年（1776年）、像高118cm、彩色あり】

3. 出水市武本平岩の田の神

黒褐色の凝灰岩を彫ったもので、ワラの目が刻まれたシキを頭巾風に被り、髪の生え際が丹念に刻まれている。元禄袖の長衣の線が柔らかく、髪型からも女子像と思われる。右手に大きなメシゲを手鏡のように持ち、左手も小さくのぞいている。左膝を立てた椅像である。

【天明4年（1784年）、像高64cm、彩色あり】

写真1　薩摩郡さつま町湯田旧塘池の田の神

写真2　薩摩郡さつま町二渡須杭の田の神

写真3　薩摩郡さつま町虎居大角の田の神

4. 薩摩郡さつま町虎居大角の田の神（写真3）

櫛をさした丸髷<ruby>まるまげ</ruby>で、長袖の和服とモンペ姿。左手は欠損している。舟型石に浮き彫りされている。顔と衣の一部は赤茶色である。

【文化2年（1805年）、像高75cm、彩色あり】

5. 薩摩郡さつま町中津川弓之尾下の田の神（写真4）

結髪があり羽織と裁着け袴姿。両手でメシゲを持つ。衣の一部がベンガラ色に彩色されている。自然石の浮き彫りで、風化が強く顔の表情などは不明である。

【天保2年（1831年）頃、像高110cm、彩色あり】

写真4　薩摩郡さつま町中津川弓之尾下の田の神

6. 薩摩川内市隈之城町1659溝端の田の神

頭髪があってシキを被り、広袖の上衣に袴姿。右手にメシゲ、左手には椀を持つ。個人宅の石像である。

【嘉永2年（1849年）、像高24cm、彩色あり】

7. 曽於市大隅町岩川葛原の田の神

シキを被り長袖の和服と袴姿で、右手にスリコギ、左手にはメシゲを持つ。元は水田にあったが、現在は個人宅にある。

【明治5年（1872年）、像高50cm、彩色なし】

8. 薩摩川内市中郷二丁目の田の神

被り物はなく着物姿で、右手にメシゲ、左手には椀を持つ。自然石に浮き彫りされている。

【明治9年（1876年）、像高140cm、彩色あり】

9. 薩摩川内市入来町副田下手の田の神（写真5）

豊富な髪に肩までの頭巾を被り、元禄風の長袖の着物を着る。右手でメシゲを持ち、左手はわずかにみえている程度で持ち物はない。目鼻立ちがはっきりしている。ほっそりとした若い女子像で着物の裾がめくれ上がっていて、別嬪さんとのコ

写真5　薩摩川内市入来町副田下手の田の神

メントがある。

【大正15年（1926年）、像高83cm、彩色なし】

10. 薩摩郡さつま町中津川別野の田の神（写真6）

結髪があり羽織と裁着け袴姿。にこやかな表情をし、右手にメシゲを逆さまに持ち、左手にはスリコギを持つ。自然石に浮き彫りされている。像全体がベンガラ色、ほほ紅がある。

【昭和5年（1930年）、像高70cm、彩色あり】

11. 薩摩川内市天辰町坊之下の田の神

頭巾を被り広袖の上衣に長袴姿で、右手にメシゲを持つ。口、頬、メシゲが朱色に彩色されている。持ち回りから公民館所有となった。

【昭和31年（1956年）、像高43cm、彩色あり】

12. 薩摩川内市青山町木場谷の田の神

シキを被り長袖の上衣に裁着け袴姿で、右手にメシゲを持ち、左手は円を作る。

【平成11年（1999年）、像高94cm、彩色あり】

写真6　薩摩郡さつま町中津川別野の田の神

■参考／年代不詳の田の神

13. 薩摩郡さつま町柊野柊野下の田の神（写真7）

丸髷（まるまげ）を結い長袖の上衣に袴姿で、右手にメシゲ、左手は欠落している。髪は黒色、体全体はベンガラ色に彩色されている。風化が強く顔の表情などは不明である。

【像高96cm、彩色あり】

14. 薩摩郡さつま町求名下狩宿（しもかりじゅく）の田の神（写真8）

丸髷を結い長袖の上衣に襞のある袴姿。顔は風

写真7　薩摩郡さつま町柊野柊野下の田の神

写真8　薩摩郡さつま町求名　写真9　薩摩郡さつま町時吉　写真10　薩摩郡さつま町永
下狩宿の田の神　　　　　　の田の神　　　　　　　　野薬師の田の神

化が進んでいるが穏やかそうである。右手にメシゲを持つが、左手は欠落して
いる。髪は黒色、ベンガラ色の簪を刺し、上衣と袴はベンガラ色、両足を覗か
せている。比叡神社境内にあり、大きな自然石に立像の女性像が浮き彫りにさ
れている。

【像高122cm、彩色あり】

15. 薩摩郡さつま町時吉の田の神（写真9）

　豊富な髪があり上衣と袴姿で、右手に椀、左手には錫杖様のものを持つ。大
きな自然石に刻まれている。身体に薄くベンガラ色の痕跡あり。風化が強く顔
の表情などは不明である。

【像高195 cm、彩色あり】

16. 薩摩郡さつま町永野薬師の田の神（写真10）

　シキ状の笠を被り広袖の上衣に裁着け袴姿。右手にメシゲを持ち、左手は
穴。顔と胸は白色、衣は黄色と黒の縞模様である。垂らし髪で縦縞模様の衣を
纏い、胸から腹を広げその中ほどに羽織の紐を結ぶ。

【像高57cm、彩色あり】

【Ⅲ】夫婦像

　このタイプの石像は3体と数が少ない。他にも年代不詳であるが、後に連れを連れてきて夫婦にしたものや、大きな自然石で夫婦型にしたものなど多彩である。男女が並ぶこの夫婦型は、同様に男女が並ぶ道祖神的男女並立型の影響を受けて誕生したものではないかと考えられている。

写真1　伊佐市菱刈南浦永池の田の神

1. 伊佐市菱刈南浦永池の田の神（写真1）
　共にシキを被り広袖の上衣に袴姿。左の女性像は右手に急須を持ち、右の男性像は右手に椀、左手には大黒天の持つ槌を持っている。二体が一対の田の神はこれ以外にはなく、大変貴重な石像である。顔がベンガラ色に塗られている。風化が強く顔の表情などは不明である。
【明治41年（1908年）、像高64cm、彩色あり】

2. 姶良郡湧水町川添池田の田の神（写真2）
　男性像はシキを被り長袖の上衣に袴姿で、右手に椀、左手にはスリコギを持つ。シキと袴は黒、両手は肌色、他は白色である。女性像はシキを被り長袖の上衣に袴姿で、右手にスリコギ、左手にはメシゲを持つ。シキと袴は黒、両手は肌色、胸元肌着は桃色。
男性像【昭和28年（1953年）、像高

写真2　姶良郡湧水町川添池田の田の神

写真3　えびの市前田の田の神

36cm、彩色あり】

女性像【昭和28年（1953年）、像高21cm、彩色あり】

3. えびの市前田の田の神（写真3）

　大きな自然石に「田の男神」と刻銘されている。一方の自然石には「田の女神」と記銘されている。

男性像【昭和32年（1957年）、像高62cm、彩色なし】

女性像【昭和32年（1957年）、像高60cm、彩色なし】

■参考／年代不詳の田の神

4. えびの市原田麓の田の神（写真4）

　人家横の木立のなかに、トタンで囲まれた祠に二体並んで祀られている。以前は別々の場所にあったものを、明治中期に女性像だけでは寂しかろうと、黒木金吉氏が男性像を寄贈されている。現在では地区の人々に夫婦像として認められている。

　向かって右側の男性像は、大きなシキを被り長袖の上衣に袴姿で、右手にメシゲ、左手には飯盛り椀を持っている。明治中期の作で、メシゲは黄色、椀と着物は青色、シキと口は赤色そして顔と足は肌色である。

写真4　えびの市原田麓の田の神

　左側の女神はシキを被り、長袖の和服を着て前を紐で結び、右手にメシゲ、左手には椀を持っている。江戸末期の作といわれており、メシゲと顔は白色、椀と帯は青色、シキは黄色に黒の線、着物はベンガラ色に彩色されている。

男性像【像高55cm、彩色あり】

女性像【像高63cm、彩色あり】

5. えびの市八幡の田の神（写真5）

　二体とも農民型立像で、水田を見渡す

写真5　えびの市八幡の田の神

ように並んで竹製の祠に収めて
ある。二体とも赤、白、茶色、
黒色と、鮮やかに彩色されてい
る。

　男神はシキを被り袂のある上
衣に襞のある長袴姿で、前を紐
で結んでいる。笑いの顔で、右
手にメシゲ、左手にはおにぎり
か宝珠らしきものを持って立っ
ている。背中には非常に大きな

写真6　出水郡長島町御所の浦の田の神

米俵二俵があるが、背負っているとはとても思えないサイズである。
　女神はシキを被り、広袖の上衣に長袴姿で、前を紐で結んでいる。右手にメ
シゲ、左手には椀を持って立っている。背に負い物などはなく、笑みを浮かべ
て口紅と頬紅が施されている。
男性像【弘化4年（1847年）、像高52cm、彩色あり】
女性像【像高46cm、彩色あり】

6. 出水郡長島町御所の浦の田の神（写真6）

　獅子島は人口約689人で、出水郡長島町を構成する島の一つである。鹿児島
県の有人離島では最北に位置している。島の東側は主に漁業であり、西側は
かって盛んに稲作がなされていたようである。この夫婦像は右が男性で、平た
い笠を被り長袖の上衣を着て、右手にメシゲ、左手に椀を持って座っている。
目・鼻・口がはっきりして可愛いが何故かずんぐりしている。左は女性像で、
全く同じ格好で並んで座っている。
男性像【像高43cm、彩色なし】
女性像【像高41cm、彩色なし】

【Ⅳ】山伏・郷士型

　田の神信仰の拡大に大きく寄与したのが、当時の山伏や郷士たちであったこ
とはすでに紹介している。享保年間のかなり古い時代の作品もあり、被り物や

持ち物などが風変わりな石像もあって興味深い。

1. 霧島市横川町中ノ黒葛原の田の神 (写真1)

　頭にとんがり帽子様のものを被り、右手には剣らしきものを持ち、左手は膝の上に置いて座っている。山伏をまねて作られている。顔は白く塗られており、口紅と眉が描かれている。
【享保8年 (1723年) 頃、像高58cm、彩色あり】

2. 姶良市蒲生町久末迫畠田の田の神 (写真2)

　平たいシキを被り、長袖の上衣に括り袴姿で、右手にメシゲを持つが左手には持ち物はない。彫りの深い顔立ちの修行僧を描いたものである。持ち回りの田の神から固定の田の神になっている。
【元文4年 (1739年) 、像高67cm、彩色なし】

3. 薩摩郡さつま町中津川武の田の神 (写真3)

　総髪の山伏像で広袖の上衣に袴姿、右手に如意棒を持ち左手は膝の上においている。背面に「田神」と刻銘がある。
【寛政10年 (1798年) 、像高100cm、彩色なし】

4. 薩摩川内市陽成町本川柿田左の田の神

　笠を被り羽織袴姿で、右手にキネを持ち左手にはおにぎりを持つ。郷土型

写真1　霧島市横川町中ノ黒葛原の田の神

写真2　姶良市蒲生町久末迫畠田の田の神

写真3　薩摩郡さつま町中津川武の田の神

で持ち回りから固定型の田の神になる。

【嘉永5年（1852年）、像高40cm、彩色なし】

5. 薩摩川内市高江町長崎の田の神

陣笠を被り袴と袴姿で、両手でメシゲを持つ郷士の姿が浮き彫りされている。

【明治23年（1890年）、像高60cm、彩色なし】

写真4　薩摩川内市中村町正込公民館の田の神

■参考／年代不詳の田の神

6. 薩摩川内市中村町正込公民館の田の神（写真4）

帽子状の被り物で、風化が強く顔の表情などは不明である。長袖の上衣に裁着け袴姿で、右手にメシゲ、左手には扇子を持って立つ。大きな舟型石に浮き彫りされている。

【像高105cm、彩色なし】

【Ⅴ】自然石、自然石文字彫

田の神石像を彫刻するより、自然石そのものや文字だけを彫ったものの方が手間や経費がかからない。このタイプの石像で、年代が判明したものは圧倒的に少ない。もしかしたら、もっと古い石像が存在していたのではと想像させられる。

1. 薩摩川内市樋脇町市比野向湯の田の神（写真1）

二基のうち向かって右側の背の高い辺縁がごつごつした一部が黒っぽい大きな自然石。「鉄奉造立田神一尊大呂吉祥日」の刻銘がある。（自然石文字彫）

【享保15年（1730年）、像高87cm、彩色なし】

2. 霧島市隼人町姫城新七の田の神（写真2）

公園の角地に二基並んでいる。右側の丸い円が彫られて「田之神」の文字のある大きな角柱文字碑と並ぶ左側の自然石には「奉造立田神享保十六年五月六日施主敬白」と刻銘がある。（自然石文字彫）

写真1　薩摩川内市樋脇町市
比野向湯の田の神

写真2　霧島市隼人町姫城新
七の田の神

写真3　鹿児島市吉田町西佐
多浦鵜木の田の神

【享保16年（1731年）、像高60cm、彩色なし】

3. 鹿児島市吉田町西佐多浦鵜木の田の神（写真3）

　水田の畦の一本の木の下に石塔と並んで建立された自然石の田の神。「奉造
立田之神」と刻銘されている。本体の田の神はこの石碑横に祀られていたが盗
まれたため、現在は民家で保管されているとか。（自然石文字彫）

【享保21年（1736年）、像高120cm、彩色なし】

4. 伊佐市菱刈町川北湯之尾神社の田の神（写真4）

　庚申塔と田の神の習合型。天下泰平、庚申講、五穀豊穣とある。（自然石文
字彫）

【延享4年（1747年）、像高93cm、彩色なし】

5. 霧島市牧園町上中津川溝口の田の神（写真5）

　辺縁がごつごつした黒っぽい大きな自然石の中央に、「御田之神」と刻銘が
ある。市の有形民俗文化財に指定されている。（自然石文字彫）

【宝暦12年（1762年）、像高90cm、彩色なし】

6. 姶良市蒲生町北上の田の神

　「田之神」の記銘がある。（自然石文字彫）

【明和5年（1768年）、像高76cm、彩色なし】

7. 霧島市牧園町高千穂栗川の田の神（写真6）

写真4　伊佐市菱刈町川北湯　写真5　霧島市牧園町上中津　写真6　霧島市牧園町高千穂
之尾神社の田の神　　　　　川溝口の田の神　　　　　栗川の田の神

　勾配が急な山道を登り、小高い森の中に建立されている。コンパクトな黒っ
ぽい自然石に、「御田之神明和六年六月十二日長右エ門」と刻銘がある。（自
然石文字彫）

【明和6年（1769年）、像高41cm、彩色なし】

8.　鹿児島市上谷口町松元下の田の神（写真7）

　自然石の表面に円を彫り、その中に「田之神」と彫ってある。分厚い雲竜紋
の台座には、元文5年（1740年）と書かれている。元々のものはもっと古かっ
たのかも。（自然石文字彫）

【明和8年（1771年）、像高55cm、彩色なし】

9.　伊佐市菱刈町下手前目の田の神（写真8）

　黒っぽく縦に長い大きな自然石に、線刻で書かれた「両手で棒を持つ神官の
姿」が以前はあったとのこと。上部には輪があるが、文字などは確認できな
い。背面や側面にも金石文が刻まれているが詳細は確認できていないとのこ
と。（自然石線刻）

【安永10年（1781年）、像高121cm、彩色なし】

10.　薩摩川内市田海町八幡の田の神

　銘「天明三年二月□□奉御田神進之・・・」とある。自治会館所有である。
（自然石文字彫）

【天明3年（1783年）、像高45cm、彩色なし】

11．霧島市隼人町松永平熊の田の神

　（自然石文字彫）

【天明4年（1784年）、像高88cm、彩色なし】

12．薩摩川内市高江町高江の田の神

　銘「天明七年□月」「御田神」とあり、蓮弁状の台座がある。（自然石文字彫）

【天明7年（1787年）、像高93cm、彩色なし】

13．薩摩川内市城上町今寺（左側）の田の神

　三基並ぶが左側の楕円形のこげ茶色の大きな石造物で、「寛政九年」「□田之神」と刻銘がある。（自然石文字彫）

【寛政9年（1797年）、像高80cm、彩色なし】

14．薩摩川内市平佐町平佐の田の神

　銘「文化八年二月吉日」とある。公民館内に安置してある。（自然石文字彫）

【文化8年（1811年）、像高120cm、彩色なし】

15．姶良郡湧水町上川添の田の神（写真9）

　「御田神」の刻銘がある。（自然石文字彫）

写真7　鹿児島市上谷口町松元下の田の神

写真8　伊佐市菱刈町下手前目の田の神

写真9　姶良郡湧水町上川添の田の神

【文化13年（1816年）、像高74cm、彩色なし】

16. **伊佐市大口里中古川の田の神**

「田之神」の記銘がある。（自然石文字彫）

【文化13年（1816年）、像高94cm、彩色なし】

17. **霧島市隼人町内村の田の神**

草むらに埋もれて非常に分かりづらい。（自然石文字彫）

【文政5年（1822年）、像高43cm、彩色なし】

18. **伊佐市菱刈荒田下荒田の田の神**

個人宅の石像である。

【文政8年（1825年）、像高95cm、彩色なし】

19. **薩摩川内市天辰町馬場の田の神**

銘「天保四己」「田之神」「柚木崎□」とある。（自然石文字彫）

【天保4年（1833年）、像高80cm、彩色なし】

20. **薩摩川内市五代町1569久留巣の田の神**

銘「天保十四年」「奉御田神」「□三月六日」とある。（自然石文字彫）

【天保14年（1843年）、像高115cm、彩色なし】

21. **南九州市川辺町清水水元神社の田の神**

「御田神」の刻銘がある。市の有形民俗文化財に指定されている。（自然石文字彫）

【嘉永5年（1852年）、像高55cm、彩色なし】

22. **霧島市牧園町寺原の田の神**

寺原地区の田の畔から平成22年に現在地に移設されている。（自然石文字彫）

【明治18年（1885年）、像高120cm、彩色なし】

23. **都城市安久町中原口の田の神（写真10）**

道路沿いの草むらの中に、珍しい五角錐形でこげ茶色をした大きな自然石に「田之神」と刻銘されている。（自然石文字彫）

【明治22年（1889年）、像高150cm、彩色なし】

24. **霧島市隼人町松永平熊の田の神**

写真10　都城市安久町中原口の田の神

自然石に「田ノ神」と彫られた記念碑と並ぶ。

【明治25年（1892年）、像高94cm、彩色なし】

25．宮崎市大字細江彦野の田の神

「奉納御田之尊明治四十一年三月」の刻銘がある。（自然石文字彫）

【明治41年（1908年）、像高57cm、彩色なし】

26．薩摩川内市水引町草道上の田の神

銘「大正十二年十月」とある。（自然石文字彫）

【大正12年（1923年）、像高54cm、彩色なし】

27．霧島市隼人町西光寺の田の神

「田神」と刻銘がある。（自然石文字彫）

【大正14年（1925年）、像高136cm、彩色なし】

写真11　日置市日吉町吉利鬼丸の田の神

28．日置市日吉町吉利鬼丸の田の神（写真11）

鬼丸神社境内に祀られ、黄土色とこげ茶色の大きな自然石の正面に、「田之神」と刻銘。台座正面に「発起人北区青年団田の神講中昭和二年十一月」の記銘がある。（自然石文字彫）

【昭和2年（1927年）、像高120cm、彩色なし】

29．えびの市西川北の田の神

表に「田の神昭和四」、裏に「成見清市」の刻銘がある。（自然石文字彫）

【昭和4年（1929年）、像高47cm、茶色あり】

30．薩摩川内市小倉町川底中の田の神

銘「田神」「昭和五年四月十八日」とある。（自然石文字彫）

【昭和5年（1930年）、像高180cm、彩色なし】

31．えびの市小田麓の田の神

「田の神」の刻銘がある。以前は地域の三人の持ち物であった。（自然石文字彫）

【昭和6年（1931年）頃、像高70cm、彩色なし】

32．霧島市国分下井乙宮神社の田の神

厄払いの記念碑として建立された。（自然石文字彫）

【昭和12年（1937年）、像高89cm、彩色なし】

33. 薩摩川内市樋脇町市比野城之下の田の神

「田之神」の刻銘がある。（自然石文字彫）

【昭和23年（1948年）、像高約120cm、彩色なし】

34. 薩摩川内市御陵下町の田の神

銘「田神」「昭和二十五年吉日建立」とある。（自然石文字彫）

【昭和25年（1950年）、像高60cm、彩色なし】

35. えびの市西川北の田の神

自然石の顔だけ彫って白く塗ってある。（自然石顔彫）

【平成元年（1989年）頃、像高38cm、彩色あり】

36. 小林市北西字柚木山永久津（ながくつ）の田の神

長方形や円錐形の自然石の上に丸い石が載せられているが、資料によると土木作業中に地下から発掘され、現在地に再建されたもの。五輪塔などの残欠ではないかと考えられている。

【平成16年（2004年）、像高59cm、彩色なし】

37. 出水市大川内上場（うわば）の田の神（写真12－A，12－B）

県営中山山間地域総合整備事業完工碑と並ぶが、大きなこげ茶色の自然石に「田之神」と大きな文字が刻銘され、その下にシキを被り、右手にメシゲ、左手には椀を持つ田の神像が、白色で描かれている。（自然石文字絵彫型）

【平成17年（2005年）、像高165cm、彩色あり】

写真12－A　出水市大川内上場の田の神

写真12－B　出水市大川内上場の田の神

【Ⅵ】石碑型、祠型（石殿型）、記念碑型

　自然石の田の神石像と同様に、享保年間のかなり古い時代の作品もあり、やはり田の神信仰が始まった頃から存在した石像ではないかと思われる。

1. 伊佐市菱刈町田中の田の神（写真1）
　豊受姫神社境内にある。田の神講と庚申講を合わせたもの。（角柱文字彫）
【享保13年（1728年）、像高62cm、彩色なし】

2. 姶良市上名黒瀬字宮ノ脇の田の神（写真2）
　屋根のついた珍しい祠で、円形の穴があり中は空洞である。黒島神社東側に祀られている。（石祠型）
【享保17年（1732年）、像高75cm、彩色なし】

3. 薩摩川内市城上町今寺の田の神（写真3）
　三基の石造物のうち右端のもので、側面に「宝暦五乙亥二月吉日」「施主小田原伊左衛門」とある。（角柱文字彫）
【宝暦5年（1755年）頃、像高40cm、彩色なし】

4. 宮崎市高岡町小山田の田の神（写真4）
　高岡型農民型の石像と並んである。卒

写真1　伊佐市菱刈町田中の田の神

写真2　姶良市上名黒瀬字宮ノ脇の田の神

写真3　薩摩川内市城上町今寺の田の神

塔婆型の石像で、「奉請神五穀守護宝暦九年二月吉祥日」と刻銘がある。（石碑型）

【宝暦9年（1759年）、像高不明、彩色なし】

5. 薩摩川内市中村町木屋園の田の神

　銘「田の神」「明和五年二月」とある。（角柱文字彫）

【明和5年（1768年）像高90cm、彩色なし】

6. 薩摩川内市入来町浦之名の田の神（写真5）

　「御田之神」と刻銘がある。（角柱文字彫）

【安永4年（1775年）、像高75cm、彩色なし】

写真4　宮崎市高岡町小山田の田の神

7. 霧島市国分川原上薄木の田の神

　「御水神、御田神、御山神」の銘があり、「三神の碑」とも呼ばれている。（文字彫石碑型）

【寛政2年（1790年）、像高92cm、彩色なし】

8. 薩摩川内市水引町草道下の田の神

　本来は庚申塔と考えられるとのこと。（角柱文字彫）

【享和2年（1802年）、像高64cm、彩色なし】

写真5　薩摩川内市入来町浦之名の田の神

9. 鹿児島市下福元町岩屋の田の神（石祠型）

【文化2年（1805年）、像高65cm、彩色なし】

10. 薩摩川内市隈之城町1253－4の田の神

　銘「（梵字カ）田之神文政二己卯十月吉日小路郷中」とある。（角柱文字彫）

【文政2年（1819年）、像高90cm、彩色なし】

11. 曽於市財部町南俣平原の田の神（写真6）

　屋根つきの石祠で、円形の穴が作られているが中は空洞である。春は里に下りて田の神となり、秋の収穫後は山野神となるとされているが、他の多くの石

造物と並んでいる。

【文政5年（1822年）、像高107cm、彩色なし】

12. 姶良郡湧水町鶴丸亀鶴園の田の神

（石碑型）

【天保7年（1836年）、像高68cm、彩色なし】

13. 東諸県郡綾町入野入野神社の田の神

「御田神」の刻銘がある。上に石の屋根が載せてある。（角柱文字彫）

【弘化3年（1846年）、像高55cm、彩色なし】

14. 阿久根市折口永田の田の神

祠の中に小さな田の神が収められている。（祠型）

【弘化5年（1848年）、像高80cm、彩色なし】

15. 霧島市霧島田口狭名田の田の神（写真7）

狭名田の長田の日本最古の水田跡に石碑と並ぶ。石碑絵文字彫の石像で、石質は安山岩で彩色などは施されていない。天保14年（1843年）島津斉興の頃に造立されている。

【天保14年（1843年）、像高64cm、彩色なし】

写真6　曽於市財部町南俣平原の田の神

16. 曽於市大隅町坂元木場ヶ迫の田の神

屋根の左が欠落し、中に木札が収められている。（祠堂型）

【安政4年（1857年）、像高90cm、彩色なし】

17. 宮崎市大字長嶺の田の神

「田神」の刻銘がある。（角柱文字彫）

【慶応2年（1866年）頃、像高45cm、彩色なし】

18. 薩摩川内市城上町今寺の田の神

銘「豊受大神」「明治六發酉三月吉日」とある。（角柱文字彫）

【明治6年（1873年）、像高90cm、彩色なし】

19. 薩摩川内市高城町上手の田の神

写真7　霧島市霧島田口狭名田の田の神

銘「豊受大神」「明治六年葵酉三月吉日」とある。（角柱文字彫）

【明治6年（1873年）、像高147cm、彩色なし】

20．霧島市隼人町松永芦江神社の田の神

芦江神社の本殿横にある。（石塔型）

【明治9年（1876年）、像高100cm、彩色なし】

21．東諸県郡綾町南俣八坂神社の田の神

「田之神」の刻銘がある。（角柱文字彫）

【明治11年（1878年）、像高30cm、彩色なし】

22．霧島市国分上之段塚脇の田の神

「水神田の神」と刻まれた石碑である。（文字彫石碑型）

【明治16年（1883年）、像高66cm、彩色なし】

23．鹿児島市花尾町の田の神

祠の中に浮き彫りされた神職型の像が安置されている。（石祠）

【明治22年（1889年）、像高不明、彩色なし】

24．霧島市霧島田口野上の田の神

神話の里から南に下ったところで、毎年10月5日に式典がある。（石碑文字彫）

【明治27年（1894年）、像高94cm、彩色なし】

25．霧島市隼人町真孝松山の田の神

石に彫られていたようであるが、風化が強く確認不能である。（石碑型）

【明治30年（1897年）、像高75cm、彩色なし】

26．宮崎市高岡町三蔵原の田の神

文字碑で、「田の神明治三十一年旧二月吉日」とある。（石碑型）

【明治31年（1898年）、像高73cm、彩色なし】

27．霧島市福山町佳例川の田の神（写真8）

珍しい三角形の田の神で、地元の前田盛喜(後に折田家に養子）が改田した時に建立されている。三角形石碑型はこれのみである。風化が強

写真8　霧島市福山町佳例川の田の神

く、石像の中央部に描かれたものなどは判明しない。

【明治33年（1900年）、像高50cm、彩色なし】

28. 姶良市加治木町伊部野の田の神

前面に「田之神」の刻銘がある。（石碑文字彫）

【明治41年（1908年）、像高70cm、彩色なし】

29. 薩摩川内市久見崎町諏訪神社の田の神

銘「田の神」「奉寄進」「明治四十二年酉□秋設立」とある。（角柱文字彫）

【明治42年（1909年）、像高120cm、彩色なし】

30. 日置市伊集院町下谷口の田の神

（石碑型）

【大正7年（1918年）、像高40cm、彩色なし】

31. 霧島市牧園町宿窪田川影の田の神（写真9）

昔あった自然石の田の神に代えて平成になって作られた。（記念碑文字彫）

【平成元年（1989年）、像高72cm、彩色なし】

写真9　霧島市牧園町宿窪田
川影の田の神

【Ⅶ】その他

これらの他にも、六地蔵塔や庚申塔などが田の神石像として祀られ、また四天王型、ムクノキ、厨子、掛け軸そして墓石など、かなり風変わりな田の神も地域によっては存在している。ここでは、年代不詳の石像も追記した。

1. 曽於市財部町南俣上村の田の神（写真1）

自然石の墓石に両手を胸に組んだ立位の人間像で、地元では田の神として長く祀られてきた。広義では国内最古の田の神であるが、いつ頃から祀られ始めたのか、いろんな人に聞くが判明しない。

【元禄9年（1696年）、像高70cm、彩色なし】

2. 薩摩川内市樋脇町塔之原本庵の田の神（写真2）

写真1　曽於市財部町南俣上村の田の神

写真2　薩摩川内市樋脇町塔之原本庵の田の神

写真3　小林市野尻町東麓1の田の神

　頭にはすっぽり兜を被り、体には鎧をつけて右手に錫杖で、左手には棒みたいなものを持つ。邪鬼などを踏みつけたりはしていないが、持ち物などを考えると武士像より四天王型としたい。

【正徳4年（1714年）、像高74cm、彩色なし】

3.　小林市野尻町東麓1の田の神（写真3）

　六地蔵を彫る六面の正面だけに、童子地蔵が浮き彫りされており、他の五面は梵字で代用する珍しいもの。石造物の少ない野尻町にとっては、大切な石造物で六地蔵の田の神はこれのみである。

【安永2年（1773年）、像高117cm、彩色なし】

4.　伊佐市大口山野石井川西の田の神（写真4、『資料第2集伊佐の田之神さあ』より複写）

写真4　伊佐市大口山野石井川西の田の神（『伊佐の田之神さあ』より複写）

　資料によると石井川西小組合の所有で、40戸の回り田の神の掛け軸と記されている。庚申掛け軸で青面金剛・猿・鶏などが描かれていると紹介されているが、風化が強く明確には読み取れない。毎年4月と8月に、小組合員の家庭を持ち回りで田の神講を行っている。昔は庚申講も兼ねていたらしいとのこと。

【明治22年（1889年）、像高不明、彩色あり】

■参考／年代不詳の田の神

5. 伊佐市菱刈町築地下の田の神（写真5、『資料第2集伊佐の田之神さあ』より複写）

　紙に光背に冠を被った観音様と、それを崇める僧の姿を描いた掛け軸で、持ち回りの田の神である。昭和初期の作ではないかと推定されている。

【像高不明、彩色あり】

6. 伊佐市菱刈町麓中の田の神（写真6、『資料第2集伊佐の田之神さあ』より複写）

　木製で黒い屋根がついており、正面に供え物がしてある。明治初期の作ではないかと推定されている。自治会所有で持ち回りの田の神である。

【像高72cm、木製】

7. 小林市野尻町東麓字境別府の田の神（写真7）

　三個の石を並べてその前に人形が飾られており、小石が敷き詰められてコンクリートの外壁で囲まれている。他に類を見ない珍しいものである。

【中央の石の像高24cmで人形の像高11cm、彩色なし】

写真5　伊佐市菱刈町築地下の田の神（『伊佐の田之神さあ』より複写）

写真6　伊佐市菱刈町麓中の田の神（『伊佐の田之神さあ』より複写）

写真7　小林市野尻町東麓字境別府の田の神

D. 混合型（融合型）

　数が少なく、宮崎県の一部でしかみられない。神像型、僧型、農民型などを混合して作製されたもので、比較的年代の新しいものが多い。どのような意味合いがあるのかは、石像を作製した石工しか分からない。その謎の解明は今後の課題としたい。

1. 都城市山田町中霧島古江の田の神（写真1 – A，1 – B）
　髪を丁髷風に結い羽織と長袴姿。両手を輪組みして笏を持つ。頭髪が特徴的で、農民型のシキがこの髪型に変化したのではないかと考えられている。顔は肌色、羽織と袴は赤色に彩色されている。神像型と農民型の混合型と考えられている。
【嘉永7年（1854年）、像高94cm、彩色あり】

2. 都城市山田町中霧島池之原の田の神（写真2）
　前者と同様に髪を丁髷風に結い羽織と長袴姿。両手を輪組みして笏を持つ。袴は赤色に彩色されている。神像型と農民型の混合型と考えられている。
【嘉永7年（1854年）、像高93cm、彩色あり】

3. 小林市野尻町紙谷池ノ尾の田の神（写真3）
　被り物はなく衣冠束帯風。風化が強く顔の表情などは不明。顔と胸あたりが茶褐色になっている。細い両手を輪組みして笏を持って座る。池ノ尾公民館敷地の、屋根つきの大きなトタン製の祠に祀られている。神像型と僧型の混合型と考えられている。
【大正7年（1918年）、像高38cm、彩色なし】

4. 小林市真方土地改良事務所の田の神（写真4）
　袋頭巾を被り長袖の和服で、右手は膝の上で受け手の格好をし、左手は稲穂の束を持つ。穏やかな表情で、着衣などから菩薩像を思わせる。頭に黒の頭巾、衣は赤色、顔と手は白色に彩色されている。農民型と僧型の混合型と考えられている。
【大正8年（1919年）、像高86cm、彩色あり】

写真1－A　都城市山田町中
霧島古江の田の神

写真1－B　都城市山田町中
霧島古江の田の神

写真2　都城市山田町中霧島
池之原の田の神

写真3　小林市野尻町紙谷池
ノ尾の田の神

写真4　小林市真方土地改良
事務所の田の神

第Ⅲ章
石神石仏造立ブームにのって
多種類の田の神石像が誕生

前の第Ⅱ章では、表1の分類に従って、作製年代が判明しているA.仏像系の197体、B.神像系の275体、C.その他の285体、そしてD.混合型の4体の総計761体の田の神石像について、所在地、特徴、像の高さや彩色の有無などについて紹介している。

　まず、田の神石像の誕生を考えるときに、紫尾山系を中心とした山岳仏教を背景に作成された仏像系の田の神と、霧島山系の新燃岳の大噴火からの復興のシンボルとして作られた神像系の石像の二つの流れが、主流であることは冒頭でも紹介し、広く認められているところである。

　小野重朗先生は、田の神石像は初め仏像系と神像系として出発し、仏像系は仏像型・地蔵型から僧型そして旅僧型へと変化して、神像系は神像型から神職型に変化し、後に神舞神職型や田の神舞神職型へと変遷していったと記されている（『田の神サー百体』）。

　理論的には理解しやすいが、本当に抽象的で静止した仏像型・地蔵型や神像型から、その影響を受けて托鉢して活動的な宗教活動を行った旅僧型や、田の神舞を踊る田の神舞神職型が作製されていったのであろうか。作製年代の判明した田の神石像を検討し、もう一度田の神の誕生のルーツを探ってみたい。

田の神のルーツ64体（表3）

　表3には田の神ルーツを探るのに重要な、宝永年間（1704～1711年）から正徳年間（1711～1716年）、享保年間（1716～1736年）に作製された64体の石像についてまとめてある。これによると4体の仏像型・地蔵型に次いで、14体の薩摩半島型僧型立像、11体の薩摩半島型と大隅半島型を除くその他の僧型（以下その他僧型と略）、1体の神像型立像、7体の神像型椅像、10体の神像型座像、1体の北薩摩型神職型立像、2体の大隅半島型神職型立像、7体の田の神舞神職型、1体の農民型、と1体の山伏・郷土型、3体の自然石・自然石文字彫、2体の石碑・祠型など、13種類もの多くの型の石像が、宝永から享保年間の古い年代に作られたことが分かる。

　この中で最も古い宝永時代の石像は、仏像型・地蔵型の宝永2年（1705年）の薩摩郡さつま町紫尾井出原、宝永8年（1711年）の薩摩川内市入来町副田中

表3　宝永、正徳、享保年間に作製された田の神石像64体

【1】仏像型・地蔵型	
1　薩摩郡さつま町紫尾出原の田の神	宝永2年（1705年）
2　薩摩川内市入来町副田中組の田の神	宝永8年（1711年）
3　姶良市西餅田楠元の田の神	正徳2年（1712年）
4　伊佐市大口平出水王城の田の神	享保6年（1721年）
【2】薩摩半島型僧型立像	
1　南さつま市金峰町高橋の田の神	享保元年（1716年）
2　日置市吹上町中田尻の田の神	享保2年（1717年）
3　南さつま市金峰町池辺中の田の神	享保5年（1720年）
4　南さつま市金峰町白川東の田の神	享保5年（1720年）
5　鹿児島市谷山中央5丁目の田の神	享保6年（1721年）
6　鹿児島市山田町の田の神	享保8年（1723年）
7　日置市吹上町花熟里の田の神	享保8年（1723年）
8　南九州市川辺町永田の田の神	享保9年（1724年）
9　鹿児島市谷山7丁目入来の田の神	享保11年（1726年）
10　鹿児島市入佐町巣山谷の田の神	享保12年（1727年）
11　南さつま市金峰町大野京田の田の神	享保16年（1731年）
12　南さつま市金峰町宮崎の田の神	享保17年（1732年）
13　鹿児島市中山町滝の下の田の神	享保年間（1716〜1736年）
14　南九州市川辺町中山田下之口の田の神	享保年間（1716〜1736年）
【3】薩摩半島型および大隅半島型以外の僧型立像・椅像・座像	
1　日置市日吉町山田の田の神	宝永7年（1710年）
2　南さつま市金峰町大野下馬場の田の神	正徳5年（1715年）
3　小林市堤川無の田の神	享保2年（1717年）
4　日置市吹上町下与倉の田の神	享保3年（1718年）
5　小林市東方仲間の田の神	享保7年（1722年）
6　小林市堤字楠牟礼の田の神	享保9年（1724年）
7　えびの市原田町蛭子神社の田の神	享保10年（1725年）
8　いちき串木野市上名麓入来家の田の神	享保11年（1726年）
9　薩摩川内市青山町高貫の田の神	享保16年（1731年）
10　伊佐市菱刈町下手の田の神	享保16年（1731年）
11　霧島市横川町上ノ上深川の田の神	享保18年（1733年）
【4】神像型立像	
1　小林市大字南西方堂田の田の神	享保7年（1722年）
【5】神像型椅像	
1　小林市真方新田馬場の田の神	享保5年（1720年）
2　宮崎市高崎町前田谷川の田の神	享保9年（1724年）
3　えびの市中島の田の神	享保9年（1724年）
4　西諸県郡高原町広原字井出の田の神	享保9年（1724年）

5 えびの市中内竪の田の神	享保10年（1725年）
6 都城市高崎町縄瀬三和菅原神社の田の神	享保11年（1726年）
7 都城市山田町中霧島田中の田の神	享保14年（1729年）
【6】 神像型座像	
1 姶良市西餅田楠元の田の神	正徳2年（1712年）
2 伊佐市大口里の田の神	享保6年（1721年）
3 伊佐市大口下原田の田の神	享保6年（1721年）
4 小林市細野南島田の田の神	享保7年（1722年）
5 小林市細野加治屋堂ノ本の田の神	享保10年（1725年）
6 小林市西方大出水の田の神	享保10年（1725年）
7 小林市細野桧坂の田に神	享保10年（1725年）
8 小林市南西方今別府の田の神	享保16年（1731年）
9 小林市野尻町東麓高都萬神社の田の神	享保18年（1733年）
10 霧島市牧園町時松竪神社の田の神	享保20年（1735年）
【7】 北薩摩型神職型立像	
1 薩摩郡さつま町泊野市野の田の神	享保13年（1728年）
【8】 大隅半島型神職型立像	
1 肝属郡大隅町根占川北の田の神	享保16年（1731年）
2 肝属郡錦江町馬場の田の神	享保年間（1716〜1736年）
【9】 田の神舞神職型	
1 姶良市蒲生町漆365の田の神	享保3年（1718年）
2 鹿児島市皆与志中組の田の神	享保8年（1723年）
3 鹿児島市宇宿町4丁目32−1の田の神	享保10年（1723年）
4 姶良市蒲生町北中北久目神社の田の神	享保10年（1725年）
5 鹿児島市山田町札下の田の神	享保12年（1727年）
6 霧島市隼人町松永下小鹿野の田の神	享保16年（1731年）
7 鹿児島市東佐多浦東下の田の神	享保21年（1736年）
【10】 農民型	
1 都城市高城町穂満坊の田の神	享保年間（1716〜1736年）
【11】 山伏・郷士型	
1 霧島市横川町中ノ黒葛原の田の神	享保8年（1723年）
【12】 自然石・自然石文字彫	
1 薩摩川内市樋脇町市比野向湯の田の神	享保15年（1730年）
2 霧島市隼人町姫城新七の田の神	享保16年（1731年）
3 鹿児島市吉田町西佐多浦鵜木の田の神	享保21年（1736年）
【13】 石碑、祠型	
1 伊佐市菱刈町田中の田の神	享保13年（1728年）
2 姶良市上名黒瀬字宮ノ脇の田の神	享保17年（1732年）

組の田の神、その他僧型の宝永7年（1710年）の日置市日吉町山田の田の神の3体である。少なくともこの宝永時代には仏像型・地蔵型の他にも僧型の田の神が存在していたことになる。

　また、宝永、正徳、享保年間の64体を県別に見ると、鹿児島県の田の神が44体と多くを占めて、宮崎県の石像は20体である。宮崎の20体は、神像型が14体と多くを占め、その他僧型5体と農民型1体がみられている。

鹿児島県と宮崎県の違い（図1-A・B）

　図1には鹿児島県（●印）と宮崎県（○印）別に、1850年までの田の神について、神像系と仏像系に分けて図示してある。両県では石像の分布に大きな相違があることが理解できる。まず神像系では、宮崎県の田の神は神像型のみで、しかも享保時代など古いものが多い。また神職型や田の神舞神職型ではすべて鹿児島県の石像であり、宮崎県では見られない。よって宮崎県においては、静止的で抽象的な神像型から、神職型や田の神踊りをする田の神舞神職型などの活動的な田の神への移行はみられないことになる。一方仏像系では、宮崎県ではその他僧型のみで5体ある。他の仏像型・地蔵型、薩摩半島型と大隅半島型の僧型立像そして旅僧型は、すべてが鹿児島県の田の神である。

最古と最新の田の神石像（表4）

　表4にはそれぞれの田の神の型別に、最も古いものと最も新しい石像についてまとめてある。これらの中で、平成時代の最近でも作製されて田の神信仰が続いているものは、仏像型・地蔵型、その他僧型、田の神舞神職型、農民型、女性像、自然石・自然石文字彫、石碑型・祠型など、七種類の石像である。

　図2には、仏像系、神像系および農民型とその他などその他に分けて、型別に最も古い石像の年代を記載して紹介した。

仏像系の年代分布（図2A）

　図2A－仏像系では、仏像・地蔵型で最も古い宝永2年（1705年）の薩摩郡さつま町紫尾出原の田の神があり、これと並んでその他僧型で宝永7年（1710

図1－A　宮崎県と鹿児島県の主な神像系

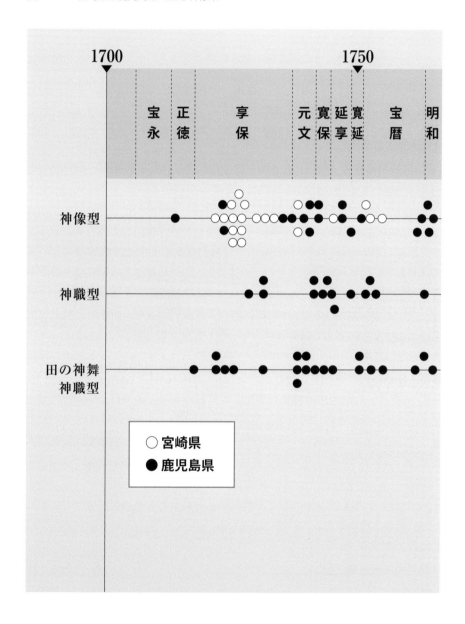

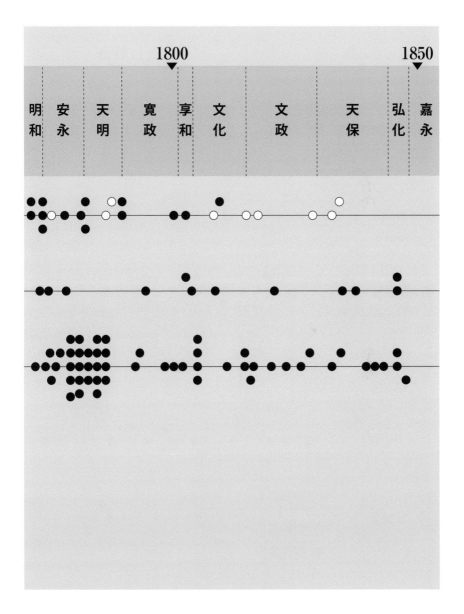

図1−B　宮崎県と鹿児島県の主な神像系

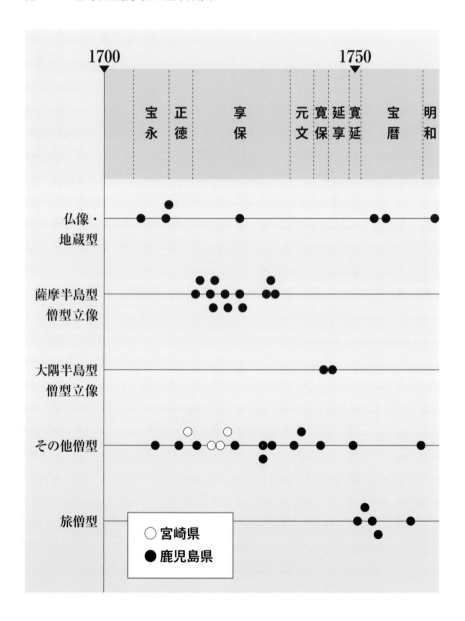

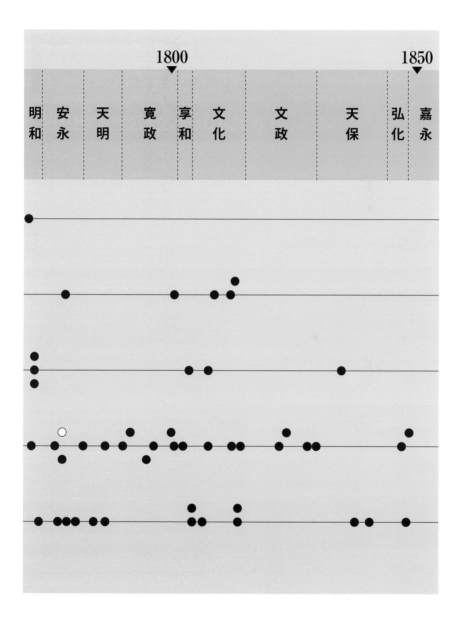

表4　各タイプの最古と最新の田の神石像

A．仏像系

	最古	最新
Ⅰ．仏像型・地蔵型	宝永2年（1705年）	平成16年（2004年）
Ⅱ．僧型（立像・椅像・座像）		
（1）薩摩半島型僧型立像	享保元年（1716年）	明治23年（1890年）
（2）大隅半島型僧型立像	寛保3年（1743年）	明治36年（1903年）
（3）その他僧型	宝永7年（1710年）	平成15年（2013年）
Ⅲ．旅僧型		
（1）北薩摩型旅僧型	寛延4年（1751年）	大正元年（1912年）
（2）大隅半島型旅僧型	明和8年（1771年）	大正6年（1917年）
（3）その他旅僧型	宝暦2年（1752年）	大正9年（1920年）
Ⅳ．道祖神的並立型	寛保3年（1743年）	昭和10年（1935年）
Ⅴ．入来地方石碑型	明和6年（1769年）	大正8年（1919年）
Ⅵ．大黒天型	文政10年（1827年）	昭和8年（1933年）

B．神像系

Ⅰ．神像型		
（1）神像型立像	享保7年（1722年）	文化2年（1805年）
（2）神像型椅像	享保5年（1720年）	昭和54年（1979年）
（3）神像型座像	正徳2年（1712年）	平成10年（1998年）
（4）野尻神像型座像	昭和6年（1931年）	昭和34年（1959年）
Ⅱ．神舞神職型	明和2年（1765年）	文化5年（1808年）
Ⅲ．神職型		
（1）神職型立像		
①北薩摩型神職型立像	享保13年（1728年）	宝暦2年（1752年）
②大隅半島型神職型立像	享保16年（1731年）	安永6年（1777年）
③その他神職型立像	元文5年（1740年）	寛政5年（1793年）
（2）神職型椅像	寛保2年（1742年）	
（3）神職型座像	延享元年（1744年）	昭和6年（1931年）
Ⅳ．田の神舞神職型	享保3年（1718年）	平成20年（2008年）

C．その他

Ⅰ．農民型	享保年間（1716～1736年）	平成24年（2012年）
Ⅱ．女性像	宝暦8年（1758年）	平成11年（1999年）
Ⅲ．夫婦像	明治41年（1908年）	昭和32年（1957年）
Ⅳ．山伏・郷士型像型	享保8年（1723年）	明治23年（1890年）
Ⅴ．自然石・自然石文字彫	享保15年（1730年）	平成27年（2015年）
Ⅵ．石碑型・祠型・記念碑型	享保13年（1728年）	平成元年（1989年）

D．混合型

Ⅰ．混合型	嘉永7年（1854年）	大正8年（1919年）

図2　仏像系、神像系、農民型・その他の年代分布【A　仏像系】

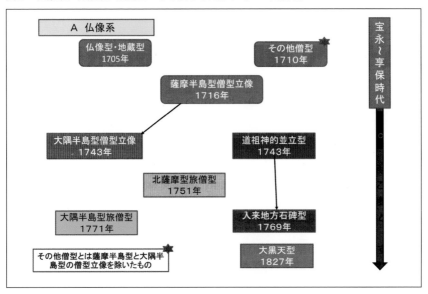

図2　仏像系、神像系、農民型・その他の年代分布【B　神像系】

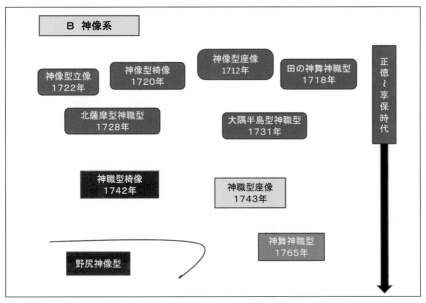

図2　仏像系、神像系、農民型・その他の年代分布【C　農民型・その他】

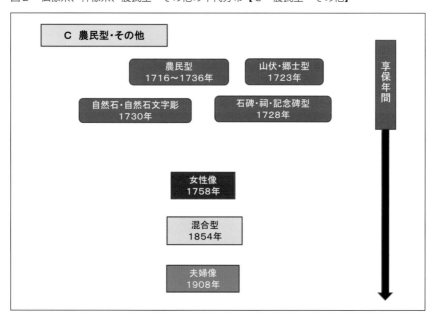

年）の日置市日吉町山田の田の神がある。少し遅れて、享保元年（1716年）に
南さつま市金峰町高橋の田の神の薩摩半島型僧型立像が作られている。仏像
型・地蔵型、その他僧型、薩摩半島型僧型の石像は、作製年代はほとんど変わ
らず、作られた場所はかなり距離がある。つまり、仏像型・地蔵型と僧型の両
者は、ほとんど同時期に作製され始められていることから、静止した仏像・地
蔵型の影響を受けて活動的な僧型の石像が作製されたとは言い難い。

　その後30年ほど遅れて、寛保3年（1743年）に、肝属郡肝付町野崎の田の
神、大隅半島型僧型立像が作られている。これらの大隅半島型僧型立像は、こ
の年代差などから薩摩半島型僧型立像の作風の影響を少なからず受けているも
のといわれている（表2参照）。これと同じ寛保3年（1743年）以降、薩摩川内
市を中心として道祖神的並立型の石像が作製されている。最も古いものは寛保
3年（1743年）の薩摩川内市水引町湯原の田の神である。この影響を受けて、
入来地方石碑型の田の神が作られていくが、その最古のものは明和6年（1769
年）作の薩摩川内市入来町浦之名栗下の田の神である。

1750～1770年頃から、北薩摩型と大隅半島型の旅僧型が作製されるようになる。北薩摩型旅僧型では作製年代が判明した石像は5体と極めて少ないが、その中で最も古いものは寛延4年（1751年）の出水市高尾野町大久保浦の田の神である。これは長袴姿の石像である。裁着け袴姿のペンギンスタイルの方が年代が古いといわれており、作製年代が不明な中に、もっと古い石像が存在するのではないかと思われる。一方大隅半島型では、明和8年（1771年）の肝属郡肝付町川北の田の神が最古の石像で、19体ある。両者は年代差や地域差も大きく、像の形も随分と異なるので関連性はなく、それぞれ独自に作製されていったものと考えられる。

　大黒天型は、文政10年（1827年）の東諸県郡国富町大字森永の田の神が最も古く、江戸後期になって作られた比較的新しい石像である。

神像系の年代分布（図2B）

　図2B－神像系では、古い順に座像、椅像そして立像の神像型がある。神像型座像は、正徳2年（1712年）の姶良市西餅田楠元の田の神、神像型椅像は、享保5年（1720年）の小林市真方新田場の田の神、神像型立像は、享保7年（1722年）の小林市大字南西方堂田の田の神である。この神像型は、立像型の多くは鹿児島県、椅像型は宮崎県、座像型は両県でみることができる。

　田の神舞神職型は、最も古いのが享保3年（1718年）の姶良市蒲生町365の田の神である。これまで、田の神舞を舞って躍動的な田の神舞神職型は、比較的新しいタイプの石像と考えられていたが、神像型と同じ頃に独自に作製され始められていることが分かる。

　その少し後に、北薩摩地方と大隅半島で独自に神職型の田の神が作製されている。前者の北薩摩型神職型には、享保13年（1728年）の薩摩郡さつま町泊野市野の田の神がある。後者の大隅半島型神職型には、享保16年（1731年）作肝属郡南大隅町根占川北の田の神がある。

　以上の6種類の石像が、正徳から享保年間のわずか20年ほどの間に作られている。これら3種類の神像型と3種類の神職型の石像は、ほぼ同時期のものであり、このことから静止した神像型から活動的な神職型が作製されたとは考えにくい。また宮崎県では、神職型や田の神舞神職型の石像はほとんど見られない

という不思議な現象がある。

　神職型椅像は寛保2年（1742年）の肝属郡肝付町南方乙田の田の神の1体しかないが、大隅半島東部にみられるシキを被り布衣を着て、メシゲやスリコギを立てて持つ跌座姿の神職型座像の原型ではないかと推測される。その神職型座像（跌座）は、寛保3年（1743年）の志布志市有明町野井倉の田の神が最も古く、鹿児島県の有形民俗文化財に指定されている。その20年以上後に、数は少ないが鹿屋市高隈町周辺に作られている神舞神職型の田の神がある。明和2年（1765年）の鹿屋市高隈町上別府の田の神が最も古いものである。野尻町神像型は、小林市野尻町の水田開発などの際に昭和期になって作製されており、十数体が紹介されている。

農民型・その他の年代分布（図2C）

　図2C – その他の田の神石像では、農民型、山伏・郷士型、自然石・自然石文字彫、石碑・祠型などで享保時代の作品が散見され、かなり古い時代から作製され始めていた。

　農民型では享保年間（1716～1736年）の都城市高城町穂満坊の田の神、山伏・郷士型では享保8年（1723年）の霧島市横川町中ノ黒葛原の田の神、自然石・自然石文字彫では享保15年（1730年）の薩摩川内市樋脇町市比野向湯の田の神、石碑・祠型では享保13年（1728年）の伊佐市菱刈町田中の田の神などがある。

　女性像で最も古いものは、宝暦8年（1758年）作の薩摩郡さつま町湯田旧塘池の田の神である。分布地域が道祖神的並立型と重なっており、像型の特徴などから道祖神的並立型から何らかの影響を受けて、女性像が作製されたと考えられている。

　夫婦像は数が少ない。後に寄せ合って夫婦になったものや自然石のものなどある。

　混合型はすべてが宮崎県であり、最も古いものでも嘉永7年（1854年）作の都城市山田町中霧島古江の田の神で、江戸後期と比較的新しい作品である。

おわりに

　以上が今回の資料のまとめである。図2に示したように、仏像系の仏像・地蔵型の田の神石像が最も古いが、少し遅れて薩摩半島型僧型立像が、そしてその影響を受けて大隅半島型の僧型立像が作製されている。また仏像・地蔵型と同じ頃には、その他僧型が各地で作られている。神像系では、立像・椅像・座像の神像型、北薩摩型と大隅半島型の神職型立像、田の神舞神職型、他にも農民型、自然石・自然石文字彫型そして石碑・祠型の石像などが、およそ時を同じくして享保年間までに作製されていたことになる。

　田の神石像は初め仏像系と神像系で出発し、この二つの系統とも抽象的で一般的な神仏像からヒントを得て作られ、次第に身近で日常的に接している僧や神職をモデルにして石像が作られてきたと言われてきた。私は、そうではなく、享保時代に全国的に起きた石神石仏造立ブームにのって、各地で多くの種類の田の神が同じ時期に作製され始められたと考えている。

　何故なら仏像系では、仏像型・地蔵型、その他僧型、薩摩半島型僧型立像が、宝永から正徳、享保時代の作品であり、神像系では、座像・椅像・立像の神像型、田の神舞神職型、北薩摩型と大隅半島型の神職型が、その他の石像では、農民型、山伏・郷士型、自然石・自然石文字彫型、石碑・祠型が、やはり正徳、享保年間のものであることが判明しているからである。

　また、これらの古い時代の石像は鹿児島県と宮崎県では大きく異なる。特に宮崎県では古い神像型は多く存在するが、神職型や田の神舞神職型などは、ほとんど見られない。明らかに宮崎県では、静止・抽象的な神像型から躍動的でなじみ深い神職型や田の神舞神職型への移行は全く見られない。

　最後に、300年以上も昔から、仏像型・地蔵型、その他僧型、神像型座像、田の神舞神職型、農民型、女性像、自然石・自然石文字彫・石碑・祠型など、多くの田の神石像が、現在に至るまで作り続けられている。南九州独自の田の神信仰が、長い時代にわたって受け継がれていることは、本当に喜ばしいことである。

参考文献

小野重朗『田の神サア百体』西日本新聞社、昭和55年

寺師三千夫『薩摩のタノカンサー』鹿児島文化放送研究会、昭和42年

鶴添泰蔵『田の神まつり』図書刊行会、昭和52年

青山幹雄『宮崎の田の神像』鉱脈社、平成9年

霧島市教育委員会編『シリーズ霧島を知る、霧島市の田のかんさあ』平成22年

伊佐市郷土史編さん委員会編『伊佐の田之神さあ』平成25年

薩摩川内市川内歴史資料館編『川内の田の神』平成20年

えびの市歴史民俗資料館編『田の神さあ（ひむか歴史ロマン街道形成推進事業
　調査報告書）』2002年

加治木町教育委員会編『加治木の田の神さあ』1993年

垂水市教育委員会編『垂水市の文化財、垂水市資料集（五）』昭和59年、平成
　23年増刷

下鶴弘『姶良地方の田の神について（第3回ふるさと歴史講座資料）』姶良市
　歴史民俗資料館、平成10年

寺師三千夫『さつま今昔―田の神信仰の史的背景と意義』ＮＨＫ鹿児島放送
　局、1983年

小野重朗『民俗神の系譜―南九州を中心に―』法政大学出版局、1981年

名越護『鹿児島藩の廃仏毀釈―凄まじい破壊の全容』南方新社、2015年

長島町教育委員会社会教育課編『長島町の文化財めぐり（観光パンフレッ
　ト）』

山田慶晴『川内市のアベック田の神石像』1978年

山田慶晴『川内市にある田ノ神石像の歴史』1979年

山田慶晴『川内川下流域の田の神石像』1981年

山田慶晴『一石双体田の神さあ』1984年

下野敏見『隼人の国の民俗誌Ⅰ　田の神と森山の神』岩田書院、2004年

屋久町郷土誌編さん委員会編『屋久町郷土誌　第4巻　自然・歴史・民俗』
　2007年

南九州市教育委員会文化財課編『南九州市文化財ガイドブック（知覧地区）』
　平成22年
南九州市教育委員会文化財課編『南九州市文化財ガイドブック（川辺地区）』
　平成24年
南九州市教育委員会文化財課編『南九州市文化財ガイドブック（頴娃地区）』
　平成28年
出水市教育委員会社会教育課編『出水の石碑・石造物』平成13年
阿久根市郷土史編集委員会編『阿久根の文化財』昭和57年
鹿児島市教育委員会編『鹿児島市史跡めぐりガイドブック』平成28年
財部町教育委員会編『財部町郷土史』昭和47年
曽於市教育委員会編『曽於市文化財ガイドブック（改訂版）』平成27年
末吉町教育員会編『末吉町の田ノ神さぁ―わが村を見つめて―』1994年
寺島幸男編『そおの田の神さぁ　全員集合！―曽於市立図書館・田の神展示会
　資料』2016年
さつま町編『さつま町の山岳信仰、さつま町歴史講座レジメ』平成23年
森田清美『かごしま文庫―㉟　さつま山伏、山と湖の民俗と歴史』春苑堂書
　店、平成8年
古川順弘『日本の神様図鑑』青幻舎、2017年、
市後崎長昭「志布志の田の神石像」『民俗資料調査報告書（一）田の神像・民
　具・昔話』志布志町教育委員会、昭和50年
つつのは郷土研究会編『つつのは創刊号』昭和47年
寺師三千夫『さんぎし11月号、薩摩文化月刊誌』昭和34年
小林市教育委員会編『小林市の田の神さあ』平成31年
大崎町教育委員会編『大崎の田の神と六地蔵』平成3年
八木幸夫『田の神石像・全記録―南九州の民間信仰―』南方新社、2018年
八木幸夫『由緒ある田の神石像の数々―鹿児島県の有形民俗文化財20体を含
　め、合計110体を紹介―』南方新社、2019年

　このほか、インターネット配信の「鹿児島の田の神」「宮崎県の田の神様」
はじめ、多くの先行研究、資料を参考にさせて頂きました。あらためて感謝申
し上げます。

著者紹介

八木幸夫（やぎ ゆきお）、医学博士

1948年、宮崎県生まれ。鹿児島大学医学部卒業後、鹿児島大学大学院修士課程を修了し、現在は鹿児島県霧島市福山町にて有床診療所を経営している。午前中は検査や診察を行い、午後からは患者さんの自宅などへの往診や訪問診察に追われている。ただ、午後からの田舎の風景を目にすることが、大変息抜きにもなっており、田の神石像に出会えたのもその時である。著書『田の神石像・全記録─南九州の民間信仰─』（南方新社、2018）『由緒ある田の神石像の数々』（南方新社、2019）

田の神石像、誕生のルーツを探る
─仏像系、神像系、その他の分類と作製年代を考察する─

発行日　2020 年11月20日 第1刷発行

著　者　八木幸夫

発行者　向原祥隆

発行所　株式会社　南方新社
〒892-0873　鹿児島市下田町292-1
電話　099-248-5455
振替　02070-3-27929
URL http://www.nanpou.com/
e-mail info@nanpou.com

印刷・製本　モリモト印刷株式会社

定価はカバーに表示しています　乱丁・落丁はお取り替えします
ISBN978-4-86124-432-2 C0039
© Yagi Yukio 2020　Printed in Japan

田の神石像・全記録

◎八木幸夫著
定価（本体3800円＋税）

南九州の旧薩摩藩領では、江戸期より豊作、子孫繁栄を祈願して多くの田の神石像が祀られてきた。本書では全2064体（宮崎400、鹿児島1664）の資料を纏めた。貴重な歴史遺産である田の神石像についての初の網羅的資料集。

由緒ある
田の神石像の数々

◎八木幸夫著
定価（本体1800円＋税）

鹿児島・宮崎のほとんどの村々で、田を見渡す所にその姿を見ることができる田の神。これまでに確認されている2000体以上の中から、鹿児島県有形民俗文化財20体を含め、特筆すべき110体を紹介する。

写真集
田ノ神の里 春夏秋冬

◎樋渡直竹著
定価（本体3500円＋税）

鹿児島ではあちこちの山辺や田んぼのほとりに田ノ神像が佇んでいる。本書は県内の代表的な田ノ神像を訪ね、その田ノ神像とともに変わりゆく農村風景を永遠に刻む美しい写真集である。

鹿児島 野の民俗誌

◎南日本新聞社編
定価（本体2000円＋税）

ヤマト文化と南島文化が混ざり合う鹿児島は、民俗行事の宝庫。子供たちが神の代行者として行事の主役を務めることも多い。トシドン、田の神戻し、トビウオ招きなど、60の民俗行事を収録。懐かしいふるさとの暮らしを紹介する。

隼人の実像

◎中村明蔵著
定価（本体2000円＋税）

702年薩摩国、713年大隅国が相次いで建国された。東北の蝦夷、北海道のアイヌ、島津軍に抵抗した奄美、沖縄とともに誇り高き抵抗の民、南九州先住民隼人。本書では、彼らはいかにして朝廷に征服されたのかを探る。

薩摩 民衆支配の構造

◎中村明蔵著
定価（本体1800円＋税）

剽悍さ、尚武の風が呪文のように唱えられてきた薩摩。しかし歴史をたどれば、この地の民衆・隼人は常に外来勢力の過酷な支配のもとにあった。本書は近世・近代の特異な民衆支配の実態を探った初の単行本である。

海洋国家薩摩

◎徳永和喜著
定価（本体2000円＋税）

そのとき薩摩は、日本で唯一、東アジア世界と繋がっていた―。最大の朱印船大名・島津氏、鎖国下の密貿易、討幕資金の調達、東アジア漂流民の送還体制……。様々な事例から、海に開けた薩摩の実像が浮かび上がる。

鹿児島藩の廃仏毀釈

◎名越 護著
定価（本体2000円＋税）

明治初期に吹き荒れた廃仏毀釈の嵐は、鹿児島においては早くも幕末に始まった。1066の寺全てが消え、2964人の僧全てが還俗した。歴史的な宝物がことごとく灰燼に帰し、現存する文化財は全国最少クラスの不毛である。

ご注文は、お近くの書店か直接南方新社まで（送料無料）。
書店にご注文の際は必ず「地方小出版流通センター扱い」とご指定ください。